古代歷史文化^{研究輯刊}

初 編

王 明 蓀 主編

第 19 冊

明代野史的發展與特色

廖 瑞 銘 著

國家圖書館出版品預行編目資料

明代野史的發展與特色／廖瑞銘 著 — 初版 — 台北縣永和市：
花木蘭文化出版社，2009〔民 98〕
目 2+172 面；19×26 公分
（古代歷史文化研究輯刊 初編；第 19 冊）
ISBN：978-986-6449-47-5（精裝）
1. 明史　2. 野史
626.04　　　　　　　　　　　　　　　　98002447

ISBN - 978-986-6449-47-5

9 789866 449475

古代歷史文化研究輯刊
初　編　第十九冊　　　　　　ISBN：978-986-6449-47-5

明代野史的發展與特色

作　　者　廖瑞銘
主　　編　王明蓀
總 編 輯　杜潔祥
出　　版　花木蘭文化出版社
發 行 所　花木蘭文化出版社
發 行 人　高小娟
聯絡地址　台北縣永和市中正路五九五號七樓之三
　　　　　電話：02-2923-1455／傳眞：02-2923-1452
網　　址　http://www.huamulan.tw 信箱 sut81518@ms59.hinet.net
印　　刷　普羅文化出版廣告事業
初　　版　2009 年 3 月
定　　價　初編 20 冊（精裝）新台幣 31,000 元

明代野史的發展與特色

廖瑞銘　著

作者簡介

廖瑞銘，台北市人，中國文化大學史學研究所博士，現任教於台中縣沙鹿鎮靜宜大學台灣文學系。

大學時期起即對明清學術思想史潛心研究，碩士論文寫「余子俊研究」，處理明代北方邊防體系的問題。博士班初期，原本繼邊防問題，延伸探討明代的軍事體制，後因受西方「結構主義」及相關思潮啟發，轉向探討明代的「野史」議題，重新評價野史及掌故筆記小說。

1994 年 7 月博士之後，因教學關係，轉向研究台灣語文領域。1996 年起擔任財團法人李江卻台語文教基金會董事，台語文學專門雜誌《台文 BONG 報》發行人兼總編輯。

提　要

歷來對於明代史學的刻板描述都是「官史不彰，野史充斥」，本文主要探討明代野史的發展及其所反映的意義與特色，並給予明代野史重新評價與定位。

「緒論」說明中國傳統「野史」概念及其發展，界定本文的研究範疇、角度與方法。

第一章「明代史學的研究概況與明代野史的分期」，檢討歷來史學界對於明代史學的評價與態度、及對明代野史發展做必要的分期。

第二章「明代前期（洪武至正德間）的野史」，主要論述明初因官學束縛及政治禁制，限縮私家史學的發展空間。英宗以後，出現以蘇州文苑為主的野史，其作品特色呈現博學尚趣的學風及異於官學意識的史學觀點。

第三章「明代中期（嘉靖至隆慶間）的野史」，論述因內憂外患衝擊、王學盛行流佈，引起知識分子對時局的反省及個人意識覺醒，加上商品經濟的推波助瀾，使得野史筆記與當代史大量刻版，流通社會，蔚為大觀。

第四章「明代後期（萬曆以後）的野史」，論述《大明會典》及「國朝正史」的修纂帶動修撰國史的風潮，尤其，實錄重錄工作使實錄資料得以流入民間，提高野史筆記的史料徵實性。另外，野史叢書的印行，更擴大其影響面。

第五章「明代野史的特色與地位」，歸納明代野史作品的特色，重新評價明代史學，並在中國史學史找到應有的地位。

「結論」除對於本文做摘要論述外，更提出野史與小說之間的一些延伸思考。

目

次

緒　論

壹、正史與野史的涵義

一、傳統「正史」的觀念

　　中國上古「學問未分科，凡百智識皆恃史以爲之記載，故史之範圍，廣漠無垠。」〔註1〕但是，在上古時代，「史」是以「經」的形式出現，尤其兩漢時代，經學得到政治力的支持，更是具有壟斷性的地位。這從目錄學看，就非常明顯。中國最早的目錄是劉歆的《七略》，就沒有史部這個門類，後來班固以《七略》爲藍圖編撰了《漢書藝文志》，將史部的書籍，一部份附驥存於〈六藝略〉的〈春秋家〉之後，另一部份又雜入子部儒家中。史學完全翼附在經學之下，直到《隋書經籍志》才將史部從經部中標出，成爲一個完整嶄新的類目。

　　南朝梁代阮孝緒的《七錄》推論《漢書藝文志》沒有另立史部，是因爲「秦漢之事，編帙不多」，〔註2〕阮氏認爲劉歆的時代，史學著作非常少，《七略》將史學著作「附見春秋，誠得其例」。經過魏晉南北朝的發展，「眾家傳記，倍於經典」，必須「分出眾史序紀傳錄」，才別立一門著錄史學著作。〔註3〕其實，《漢書藝文志》沒有另立史部，與史學著作多寡無關，主要還是因爲當時經史

〔註1〕梁啓超，《中國歷史研究法（附補編）》（臺北：臺灣中華書局，1973年11月臺十版）頁4。
〔註2〕馬端臨，《文獻通考》卷一九一，〈經籍考〉十八。
〔註3〕阮孝緒，〈七錄序〉，《弘明集》卷三。

－1－

不分，史的獨立概念還沒有形成。

中國很早就把歷史的撰寫權和解釋權掌握在中央政府手裡，傳統的歷史意識一直是由官方主導，而經學的價值體系就是官方價值體系的化身；反之，官方意識是經學價值的實踐。可以說，一部中國史學發展史實際上是史學自主意識與官方意識之間的抗拒與妥協的過程。

先秦時代由史官記錄政事，其史學意識以官方為主，只有官史。孔子據《魯史》作《春秋》，一般認為是私人作史的開端，嚴格說，是經而不是史，前已言明。班固的《漢書》雖亦為私撰，但是全書充滿官方意識，是皇家正統化的理論裝飾，也只能算是官史作品。朝廷一直掌握著歷史的撰寫權和解釋權。待漢末社會解體，經學衰微，儒家思想失去原有的權威地位，官方意識無法約束社會思潮，史學便趁機從經學中解脫出來。不但「史學」的性質發生變化，不再只是經學（官學）的一部份，著作的形式也得以解放，出現許多新的著作形式，著作本質（內容）也發生轉變。魏晉南北朝時期，私史的撰作蔚為風氣，光是晉史就有十八家。原有的圖書目錄分類無法包含這些「新著作」而不得不作重新的調整，《隋書經籍志》反映了這個事實，並於史部書首列正史類，「正史」之名始見於此。〔註4〕隋文帝開始禁止私撰國史。唐初，史館制度建立，史學再度被官方收編，官史又成為主流。中國官史意識的發展隨著唐朝史館制度的完備被制度化了，「正史」的權威性於是建立。〔註5〕

兩漢經學獨盛，《春秋經》本身就是史。不論體例和義理，《春秋》都是史學的最高原則，被認為是中國史學的根源，《漢書·藝文志》認為孔子「與左丘明觀其（魯國）史記，據行事，仍人道，因興以立功，就敗以成罰，假日月以定曆數，藉朝聘以正禮樂，有所褒諱貶損，不可書見，口授弟子」〔註6〕唐代劉如幾認為「夫子所修之史，是曰春秋」。〔註7〕可見漢唐以來，《春秋》的精神與義例已被樹立為其後中國傳統史學的最高準則。章實齋「答客問」（上）說

〔註4〕《四庫全書總目提要》（臺北：臺灣商務印書館，1985年5月增訂三版）史部〈正史類序〉云：「『正史』之名，見於《隋志》」，而新編《辭海》（1979年版）則謂：「梁阮孝緒有《正史削繁》，正史之名始見於此」。可惜阮書已佚，無可考，只有據《隋志》。

〔註5〕有關唐朝史館的制度可參閱張榮芳，《唐代的史館與史官》，臺北：私立東吳大學中國學術著作獎助委員會，1984年6月初版。

〔註6〕班固，《漢書藝文志》，〈春秋家小序〉。

〔註7〕劉知幾，《史通釋評》（臺北：華世出版社，1975年4月初版），卷十四，〈惑經篇〉。

「史之大原，本乎春秋」，〔註8〕《校讎通義‧宗劉篇》更認爲「二十三史皆春秋家也。本紀爲經，而志表傳錄，亦如左氏傳，例之與爲始終發明耳。」〔註9〕可看出直到清代，這種「經史不分」強調精神與義例的史學思想仍然根深柢固。〔註10〕

　　中國官史意識一直存在，不同的是其支配力的強弱及各階段的表現形式。以儒家思想作爲評判是非的最高標準來考察歷史的風氣，自中唐出現，至北宋中期大盛。當時儒者懲矯政弊，喜言《春秋》，以經爲體，以史爲用闡發六經之意，探尋爲史之道，爲史之道在於「明治亂之本，謹戒勸之道」，把《尚書》、《春秋》，看作是古史的典範，把史學作爲儒家之工具。南宋時期把歷史、社會問題，都提到哲學層次來理解。經學對史學的支配未曾鬆懈，只要經學存在一天，史學及其他學術都不免受到經學的支配。歷史的功用只在闡釋經學道統，文學的功用是承載經學道統，統治者運用經學籠罩一切學術，防止「離經叛道」，方便統制思想，使道統「一以貫之」。〔註11〕

　　朱學論者喜談義理、《春秋》，只要是談義理，歷史立刻變成經學的工具，道統價值的事例。中國傳統史學一直講「理」、「道」，重於歷史本身的發展，將史的理附會爲道之理，或用道之理來框史之理。歷史是透過史家的主觀記述的，以道之理來記述歷史，已是第一層過濾，怎麼能用這樣的史來印證道之理，這是倒果爲因。中國傳統史學就一直處在這樣的惡性循環中，走不出困境。何炳松談「由經入史」是盛，「由史入文」是衰的問題，只是找到中國史學瓶頸的一部份。〔註12〕

　　總結來說，中國傳統「正史」的觀念源自上古的官史意識。經漢唐以來《春秋》對於史學的指導性地位，以及唐代國史館制度的鞏固，宋代以來講求義理之學，「正史」成爲中國史學的代名詞，相對的，正史之外的史書不是被輕視，就是被趕出史學的範疇。

〔註 8〕章實齋，《文史通義》（臺北：國史研究室，1972 年 4 月 25 日，初版），〈答客問〉（上）。

〔註 9〕章實齋，《校讎通義》，〈宗劉篇〉。

〔註 10〕參閱杜維運，《清乾嘉時代之史學與史家》（臺北：臺灣學生書局，1989 年 4 月初版），第一章，〈概論〉。

〔註 11〕劉復生，《北宋中朝儒學復興運動》（臺北：文津出版社，1991 年 7 月初版），第四章，〈史學更新與儒學復興思潮〉，頁 87～124。

〔註 12〕何炳松，《何炳松論文集》（北京：商務印書館，1990 年 2 月第一版）頁 204。

二、「野史」的概念

廣義言之，上自天文下至地理包羅萬象，人生凡百事態的記錄，皆是歷史，只是內容和形式有別。中國傳統「六經皆史」的提法，一方面是經學掛帥的觀念，一方面是把歷史做廣義的解釋。就整個知識體系而言，是可以理解的。

中國傳統史學將史書分為正史與野史兩大類，正史是官方修纂或欽定的史書；而野史是民間私撰的作品。包括具備史書體例的私史及毫無體例的筆記小說。不管私史或是筆記小說都僅是供修撰正史時採擇的參考，本身並無獨立存在的價值。很多筆記小說甚至不能與於史學之列。

按照中國傳統的史學觀念，除了官方認定的「正史」以外的歷史作品都是「野史」，拿野史跟官史相對稱，如同「朝」與「野」相對稱一樣。Herbert Franke 在定義 "official history" 與 "private history" 時，是以撰作者的身份來區分的。如果撰作者是奉朝廷之命才作的，就是官史；如果是自力完成的，就是私史。〔註13〕在意思上與中國傳統對正史與野史的區別很接近。

中國上古時代，朝廷設有專人到民間採集風俗民情，叫「稗官」，〔註14〕「稗官野史」自古即連稱。另外，野乘、稗史〔註15〕等名稱，都是指同一個概念。其涵蓋的內容非常廣泛，沒有什麼特定的形式，很大部份是以筆記雜聞的形式記載，而筆記又常常與小說混淆，因此，有「野史」與「筆記」連稱，也有把「野史」與「小說」連稱的。結果，野史、筆記、小說三者的界線變得很模糊，唯一相同的是從正統的學術觀點來看，三者都沒有很大的價

〔註13〕中國「官史」與「私史」的區別，在西文著作中，有比較特殊的說法。比較正確的說法是，私史的判定是依其獨立於官方，尤其是京師史館之外，而嚴格的「私史家」必須是從未參與任何官職的作者。參閱 Herbert Franke "Some Aspects of Chinese Private Historiography in the Thirteenth and Fourteenth Centuries." In Historians of Chian and Japan, ed. W. G. Beasley and E. G. Puleyblank. pp. 115～134.

〔註14〕稗官是中國古代收集民情風俗的官，《漢書‧藝文志》說：「小說家者流，蓋出於稗官，道聽塗說之所造也。」又，細米為稗，街談巷說，其細碎之言也，王者欲知里巷風俗，故立稗官，使稱說之。

〔註15〕「稗史」之名，見徐顯《稗史集傳》序云：「予生季世之下，不能操觚以選論當代賢人君子之德業，而竊志其所又以遊，及耳目所聞見者，敘而錄之，自比於稗官小說，題曰：稗史集傳，以俟夫後世歐陽子擇焉。」又有一種說法是，野史、小說異於正史，猶野生之稗，別於禾，故謂之稗官。小說、傳說、民間瑣細之事的記錄就稱做稗史。

值，不被重視。其實，三者還是有其個別的差異與意義，再詳述如後。

　　「筆記」是一種文體，它包涵的範圍十分廣泛，凡是不可歸類的隨筆、雜識、札記、筆談、叢談、雜錄、瑣語、雜俎、漫鈔等等，都可以統稱之為「筆記」。它的特點，以內容論，主要在於「雜」：不拘類別，有聞即錄；以形式論，主要在於「散」：長長短短，記敘隨宜。因此，中國古代究竟有多少筆記作品，恐怕誰也說不清楚，要分類，更是難上加難。今人劉葉秋大致把它分為三大類：第一是小說故事類：凡志怪、軼事小說，從晉干寶的《搜神記》、南朝劉義慶的《世說新語》到清紀昀的《閱微草堂筆記》、王晫的《今世說》等，都屬於這一類。第二類是歷史瑣聞類：凡記野史，談掌故，輯文獻的雜錄、叢談，從晉人偽託漢劉歆的《西京雜記》、唐劉餗的《隋唐嘉話》、李綽的《尚書故實》到清王士禎的《池北偶談》、褚人穫的《堅瓠集》等，都屬於這一類。第三類是考據辨證類：凡讀書隨筆、札記，從晉崔豹的《古今注》、唐封演的《封氏聞見記》、宋沈括的《夢溪筆談》、戴埴的《鼠璞》等到清錢大昕的《十駕齋養新錄》、孫詒讓的《札迻》，都屬於這一類。〔註16〕

　　其次，談小說的概念。中國古代小說跟近世小說的概念有很大區別。在傳統的目錄學中，小說家始終是子部的一家，班固《漢書・藝文志》的小序說：「小說家者流，蓋出於稗官，街談巷語，道聽塗說者之所造也。孔子曰：雖小道，必有可觀者焉，致遠恐泥，是以君子弗為也。閭里小知者之所及，亦使綴而不忘，如或一言可采，此亦芻蕘狂夫之議也。」〔註17〕是九流十家中最不足道的一家。小說家的特點是「小」，如孔子所謂的「小道」、班固所謂的「閭里小知者之所及」，總之，就是不登大雅之堂的東西。這個觀念根深柢固，陳陳相因，歷來史書藝文志直到《四庫全書總目》的小說家類都是沿襲了這種說法。

　　古代的小說介於子、史二部之間，內涵非常廣泛，因此也很難分類。正如鄭樵《通志・校讎略・編次之訛論》所說：「古今編書所不能分者五：一曰傳記，二曰雜家，三曰小說，四曰雜史，五曰故事。凡此五類之書，足相文紊亂，又如文史與詩話亦能相濫。」〔註18〕歷史上最早對小說分類，是唐代

〔註16〕關於筆記的分類，以近人劉葉秋氏最為適切。參閱劉氏，《歷代筆記概述》（臺北：木鐸出版社，1987年7月影印初版），頁3～4。
〔註17〕班固，《漢書・藝文志》，〈小說家小序〉。
〔註18〕鄭樵《通志・校讎略・編次之訛論》

史學家劉如幾，《史通‧雜述》把正統史書以外的歷史相關著作分做十類：

> 爰及近古，斯道漸煩，史氏流別，殊途並騖，榷而爲論，其流有十
> 焉：一曰偏紀，二曰小錄，三曰逸事，四曰瑣言，五曰郡書，六曰
> 家史，七曰別傳，八曰雜記，九曰地里書，十曰都邑簿。〔註19〕

這十類都屬野史，其中「雜記」一類就是魏晉時代的志怪小說。劉氏進一步
解釋「逸事」和「瑣言」云：

> 國史之任，記事記言，視聽不該，必有遺逸，於是好奇之士，補其
> 所亡，若和嶠《汲冢紀年》，葛洪《西京雜記》，顧協《璅語》，謝綽
> 《拾遺》，此之謂逸事者也。街談巷議，時有可觀，小說皆言，猶賢
> 於己，故好事君子，無所棄諸，若劉義慶《世說》，裴榮朝《語林》，
> 孔思尚《語錄》，陽玠松《談藪》，此之謂瑣言者也。〔註20〕

在《隋書‧經籍志》裏，放在史部雜傳類，如干寶的《搜神記》等志怪小說
作品；放在子部雜家類，如張華的《博物志》的志異作品；放在子部儒家小
說家類，如劉義慶的《世說新語》的志人小說作品等在後來的目錄中都納入
小說。劉知幾《史通‧雜述篇》中的偏紀、小錄、逸事、瑣言、別傳、雜記
等項也是被視作小說。

　　明代胡應麟對於小說範疇的分類最具代表性，其文云：

> 小說家一類，又自分數種，一曰志怪，《搜神》、《述異》、《宣室》、
> 《酉陽》之類是也。一曰傳奇，《飛燕》、《太眞》、《崔鶯》、《霍玉》
> 之類是也。一曰雜錄，《世說》、《語林》、《瑣言》、《因話》之類。
> 一曰叢談，《容齋》、《夢溪》、《東谷》、《道山》之類是也。一曰辨
> 訂，《鼠璞》、《雞肋》、《資暇》、《辨疑》之類是也。一曰箴規，《家
> 訓》、《世範》、《勸善》、《省心》之類是也。叢談、雜錄二類最易相
> 紊。〔註21〕

這六類除傳奇、箴規外，都屬野史範圍。

　　《四庫全書總目提要》對小說家類與雜史類作了更清楚的分別。對雜史
的定義是：

〔註19〕劉知幾，《史通》，〈雜述〉。
〔註20〕同上註。
〔註21〕胡應麟，《少室山房筆叢》（臺北：世界書局，1980年5月再版）卷二十九，
　　　　丙部九流敘論下。頁374。

雜史之目，肇於《隋書》。蓋載籍既繁，難於條析，義取乎兼包眾體，
宏括殊名。故王嘉《拾遺記》、《汲冢璅語》，得與魏尚書《梁實錄》
並列，不爲嫌也。然既繫史名，事殊小說，著書有體，焉可無分。
今仍用舊文，立此一類，凡所著錄，則務示別裁。大抵取其事繫廟
堂，語關軍國，或但具一事之始末，非一代之全編，或但述一時之
見聞。祇一家之私記，要期遺文舊事，足以存掌故，資考證，備讀
史者之參稽云爾。若夫語神怪，供談啁，里巷瑣言，稗官所述，則
別有雜家、小說家存焉。〔註22〕

歸納其要點：

1. 體例上，兼包眾體，名稱不拘。「著書有體」與小說有別。

2. 內容上，A. 事繫廟堂，語關軍國。

　　　　　 B. 但具一事之始末，非一代之全編。

　　　　　 C. 述一時之見聞，祇一家之私記。

3. 宗旨上，要期遺文舊事，足以存掌故，資考證，備讀史者之參稽。

4. 至於語神怪，供談啁，里巷瑣言，稗官所述則劃入小說家、雜家。〔註23〕

可知，小說與雜史筆記向來就有重疊的部份，至於其中的分別，端看書目分
類者的見解，沒有一定的共識。

近來研究中國古代小說的人，有用語言將中國小說分爲文言與白話小說
兩個系統，唐宋傳奇以前的稱做文言小說，而宋元話本以後的稱做白話小說。
兩者除了在內容上有差別，在體制上也有區別。文言小說多爲作者隨聞隨寫，
隨想隨寫，篇幅短小，積多成冊，故又稱筆記小說。然後再將文言筆記小說
分爲兩類：以《搜神記》爲代表的志怪小說和以《世說新語》爲代表的志人
小說。〔註24〕這樣的分法，可以更進一步讓我們理解中國古代小說的特性，
以及小說跟筆記的關係。

總結傳統目錄中凡屬筆記、小說、雜史、雜述之類的作品都可以是野史
的範疇。近人謝國楨更籠統地說：「凡不是官修的史籍，而是由在野的文人學
士以及貧士寒儒所寫的歷史紀聞，都可以說是野史筆記，也可以說是稗乘雜

〔註22〕　《四庫全書總目提要》，卷五十一，史部雜史類小序。

〔註23〕　另見《四庫提要》卷一四一，子部小說家類二之案語云：「紀錄雜錄之書，小
　　　　　說與雜史最易相清，諸家著錄亦往往牽混，今以述朝政軍國者入雜史，其參
　　　　　以里巷閒談詞章細故者，則均隸此門（即子部小說家類）。」

〔註24〕　寧稼雨，《中國志人小說史》（遼寧人民出版社，1991年），頁5。

家。」〔註25〕

三、傳統目錄學中的野史

　　中國傳統目錄學的主要任務是，追溯學術的流變，剖析諸種學術間的關係，將學術發展與演變作有系統的整理，即章實齋所謂「部次流別，申明大道，敘九流百氏之學，使之繩貫珠聯」〔註26〕圖書分類除了實用考慮外，也隱含分類者對書籍價值的品評，以及學術觀點。掌管圖書文獻又是古代史官的基本任務之一，因此，目錄學與史學實有密切的關係，透過圖書目錄的整理與編纂，可以了解史學觀念演變的蹟象。每個時代目錄分類的觀念，都受到當時學術環境與思想流變的影響，中國傳統目錄學史，事實上就是中國學術思想史的縮影。因此，我們從史書被分類的狀況就可以了解史學觀念與史學範疇的演變，野史在傳統學術中的地位就明顯地反映在各書錄中。

　　中國傳統以目錄來辨章學術的原則，由劉歆《七略》開其端，班固的《漢書・藝文志》承其緒。劉、班的目錄學基本上是從官學意識出發，將所有學問溯源至某官學，書籍的學術定位重於分類檢索功能。史部的書籍被驥存於〈六藝略〉的〈春秋家〉之後，及雜入子部儒家之中；野史則只能包含在小說家。史部著作獨立成一個類目是從《隋書・經籍志》開始。

　　《隋書・經籍志》的史部有：正史、古史、雜史、霸史、及起居注、舊事篇、職官篇、儀注篇、刑法篇、雜傳、地理之記、譜系、簿錄等十三類。其中，「正史」是紀傳體，「古史」是編年體，前者成為以後中國王朝歷史的正式體裁；而後者因荀悅的《漢紀》而復興。魏晉時代將二體並稱國史，成為流行的史學寫作體裁，劉知幾稱「班荀二體，角力爭先」「各有其美，並行於世」。〔註27〕紀傳體由紀、傳、表、志組合而成，「顯隱入該，洪阡靡失」，可以對一個時代的歷史作綜合的敘述與分析，成為以後中國王朝歷史唯一的寫作體裁，基本上二體是官史系統的產物。

　　《隋書・經籍志》的史部，不僅總結了中國上古及魏晉以來的史學著作，劃清經學與史學的界限，樹立起史學的旗幟。〔註28〕最值得注意的是新立雜

〔註25〕謝國楨，〈明清野史筆記概述〉，（《明史研究論叢》第一輯，中國社會科學院歷史研究所明史研究室編，江蘇人民出版社，1982年4月第一版）頁37。

〔註26〕章學誠，《校讎通義》，〈原道篇〉、〈宗劉〉。

〔註27〕劉知幾，《史通》，〈二體〉。

〔註28〕參閱逯耀東，〈從隋書經籍志史部形成論魏晉史學轉變的歷程〉，《食貨》復刊

史與雜傳兩類，將上古以來的野史系統納入史部，爲中國史學開展出一個廣闊的空間。《隋書・經籍志》將志異作品，如葛洪的《神仙傳》、干寶的《搜神記》列入史部雜傳，云：「魏文帝又作《列異》，以序鬼物奇怪之事，……又雜以虛誕怪妄之說。推其本源，蓋亦史官之末事也。」〔註29〕劉知幾沿續這個概念，進一步將正史與古史以外的史學著作，一概歸入「雜述」，與「正史參行」。劉如幾稱志異著作爲「雜記」，另外，《隋書・經籍志》將敘述人物爲主的志人著作，納入子部儒家、小說家類之中；劉知幾則納入「雜述」中的「別傳」。志異小說與志人小說在魏晉時代與史學有親密的關係，是魏晉史學的特殊時代風格，這必須自其時代的思潮與社會環境裡孕育出來。〔註30〕

　　志異小說與志人小說今人合稱爲文言小說，以與宋元以後的白話小說有區隔。在魏晉至唐代都曾經是史部的內容，其實應該重新歸在野史範疇中，較爲適當，到《新唐書・藝文志》又改入小說家。明代胡應麟將傳統中國小說分爲志怪、傳奇、雜錄、叢談、辨訂、箴規等六類，〔註31〕其首即爲「怪力亂神，流俗所喜道」的志怪作品。其餘五類照劉知幾的觀點，也都是史部雜述類的範圍，屬野史範疇。到《四庫全書》，原屬史部雜史類的作品當然劃入小說類。《四庫》將小說分爲三派：一、敘述雜事，如《世說新語》、《西京雜記》。二、記錄異聞，如《搜神記》、《太平廣記》。三、綴輯瑣語，如《博物志》、《酉陽雜俎》。

　　小說來自民間，其內容有深厚的社會基礎，蘊藏豐富的歷史資料，可補正史之闕。〔註32〕但是，在唐代史館制度建立後，魏晉至劉知幾的概念就被忽視了，野史部份一直被逐出史部的行列。在《隋書・經籍志》裏原屬史部雜傳類的一大批作品，到《新唐書・藝文志》裏就改入小說家了。到了《四庫全書》更把一大批原屬史部雜史類的作品也退入小說。唐代以後，雖然野史著作越來越多，但是在官修史書中，小說材料當然都是「史官所宜略」，小說只是修史後的剩餘。在各種書目中野史與正史（官史）的區隔卻越來越嚴

十：4，頁8。
〔註29〕《隋書・經籍志》，雜傳類序。
〔註30〕參閱逯耀東，〈魏晉志異小說與史學的關係〉，《食貨》復刊十二：4.5。
〔註31〕同註20。
〔註32〕余嘉錫認爲小說家所出的稗官是指天子之士而言天子之士所負的職責，就是「采傳言於市，問謗譽於路」與《漢書・藝文志》所謂「術談巷語，道聽塗說者也。」是相合的。參閱余嘉錫，《余嘉錫論學雜著（上）》（上海：中華書局，1997年第二版），〈小說家出於稗官說〉。

格。這是很矛盾的，這種矛盾說穿了只是官學意識的作祟，阻礙了我們對唐宋以來野史發展的認識。

要看透傳統史部目錄的爭議，必須把焦點放在史學意識，既不要無限放大到「六經皆史」，也不要局限在正統史書之中。傳統的史學，都只是圍繞在史書的範疇。而經史的界線很模糊，史學獨特的意義常常被包涵、被忽略。「六經皆史」的提法，轉彎抹角把非史書定義成史書，表面上是突出史學的地位，實際上仍然是不忘突出經學的地位。中國傳統史書的判定標準其實就是經學價值，正史與野史的區別亦如此。

四、明代野史學的範疇

野史的範疇歷來都沒有一個共識，加上傳統目錄分類實際上是學術範疇的分類，不是技術層面上的考慮；所以，從《隋書·經籍志》以來，史部所包含很多今天已經另立門類，理應暫時劃出史部的作品，譬如：原先史部中的地理類，今日已獨立成類；相反的，原先子部中，雜家、小說家有一些著作，今日卻應納入史部。所謂明代野史是指由私家撰著的有關本朝歷史的著作，這種史著在明代大量湧現，當時即引起重視。明代究有多少野史，至今已難作出確切統計，自清初，人們常以「汗牛充棟」形容其數量之多。《國榷》義例云：「實錄外，野史、家狀，汗牛充棟，不勝數矣。」〔註33〕《明通鑑》義例亦有曰：「明人野史，汗牛充棟」〔註34〕今人謝國楨甚至據此稱「有明一代，史學最盛」。〔註35〕

本文討論的明代野史著作暫定以下幾類：一、掌故筆記。筆記包含的內容廣及詩文、雜錄、醫藥、傳聞、……等非史實的項目，本文選取的原則只限於和掌故史實有直接關係的部份，純粹只是詩文、小說，小品、語錄的筆記作品也不列入。二、記實作品。包括隨軍記錄、出使記實、遊記、目擊或傳聞記錄等等，就是雜史、別史的部份。三、本朝人所編纂的本朝史。四、傳記集、經世文編、野史叢書。其中最大宗的野史作品是小說、筆記，或抄或撰或編，其特色雜亂而沒有體例。

〔註33〕談遷，《國榷》（臺北：鼎文書局，1978年7月初版）。
〔註34〕夏燮，《明通鑑》（臺北：西南書局，1982年1月初版）。
〔註35〕謝國楨，《增訂晚明史籍考》（上海：古籍出版社，1981年2月新一版）卷首，自序。

　　筆記、小說與歷史三者就歷史記事的角度看，是很難分別的，但是在傳統中國史家眼中，它們是各有定位的。歷史被視爲實錄，而且有體例、有章法，具有最高義理價值，筆記和小說僅是歷史的附庸，不但眞實性不可靠，而且沒有體例、沒有章法，難與於正統史書之列。筆記又比小說更具有史學地位，因爲它的內容寬廣，可以記實，可以考據，也可以做史事評述，史料價值較高。中國野史的概念與筆記小說的概念是重疊的，掌故筆記是野史最普遍的形式；所以野史的發展，在某種意義上說，就是掌故筆記的發展。

　　一般都同意「筆記」之體，起源於魏晉時代的志怪小說，以及輯錄文士言行軼事的筆記叢談，如：張華的《博物志》、干寶的《搜神記》、劉義慶的《世說新語》等。到唐代以後，用筆記「述時事，談掌故」的風氣逐漸展開，筆記的小說傳奇色彩減少，史料成份相對增加，內容豐富，文采可觀，足資史家採擇以補史乘之缺。較著名的作品有，段成式的《酉陽雜俎》、劉餗的《隋唐嘉話》、劉肅的《大唐新語》等，都很有歷史味了。〔註36〕到了宋代，有更多的學者喜歡輯錄本朝軼事和掌故。明代《五朝小說》一書的序言，對宋人筆記有一段具體的描述：

　　　　唯宋則出士大夫手，非公餘纂錄，即林下閒譚。所述皆生平父兄師

　　　　友相與談說，或履歷見聞。疑誤考證：故一語一笑，想見先輩風流，

　　　　其事可補正史之亡，裨掌故之闕。〔註37〕

宋人筆記主要的特點，是就個人見聞所及，來敘述本朝的軼事和掌故，內容的史料成份增加，小說的色彩減少。較著名的作品，屬於歷史瑣聞的掌故筆記有：司馬光的《涑水記聞》、歐陽修的《歸田錄》、岳珂的《桯史》及周密的《齊東野語》、《癸辛雜識》，最有名的則屬洪邁的《容齋隨筆》。《容》書不僅是魏晉以來掌故筆記的顛峰之作，更深深影響到明代的筆記作品。明末朱國禎所撰的《湧幢小品》原擬題名爲「希洪」，意思就是要仿傚洪邁的《容》書。

　　《湧幢小品》的自序對於魏晉至明代的筆記發展，理出一條清楚的脈絡，有一段總結性的敘述：

　　　　茂先（張華）博物（志），崛起東西京之後，別開一調，後之作者紛

〔註36〕有關隋唐時期的筆記小說史料，可參閱吳楓，《隋唐歷史文獻集釋》（河南：中州古籍出版社，1987年9月第一版），頁192～230。

〔註37〕〔明〕馮夢龍編，《五朝小說》，〈宋人百家小說序〉，據中央圖書館藏善本書明末刊本。

　　紛，皆有可觀，而唯段少卿（成式）、岳總管（珂）最爲古雅。至洪
　　學士容齋，勠爲隨筆，數至於五，下遍士林，上達主聽。我明楊修
　　撰（愼），何侍郎（孟春），陸給事（粲），王司寇（世貞），擴充振
　　發，別成一書。〔註38〕

掌故筆記在明以前的發展大致如上述。但是嚴格說來，野史與筆記是兩種不
同概念系統的產物，筆記不完全是歷史，而野史也不完全是用筆記的形式寫
成的，兩者有交集的部份，發展到明代特別明顯，蔚爲特色，可謂中國野史
發展的成熟期。

　　至於記實作品、本朝史、傳記集、經世文編、野史叢編等類的意義與情
況留在以下相關章節中討論。

貳、考察明代野史的角度

　　人類社會活動的各領域間是相互關聯而且相互影響，不能獨立發展；做
爲呈現人類社會活動總體相的歷史學當然跟其他現象密切相關，也就是說，
史學發展具有強烈的時代性，與當代歷史情境有密不可分的關係，例如：政
治環境會干預史書的撰作，時代思潮會影響歷史意識的焦點，經濟條件會改
變史書刊印與流通等等。什麼樣的時代孕育出什麼樣的史學，是一定的。因
此，史學史的研究必須從宏觀的角度，掌握較長時期的史學意識的發展，闡
釋這種發展的內在理路及其與時代背景的對應關係，並對這種發展找到適當
的定位。才能看出意義，做適當的評價。傳統學案式的史學史研究只是對代
表性的史家及史書做評介，常給人「見樹不見林」的缺憾。無法呈現史學發
展的脈絡，本文即是依照這種理念做探究明代野史學的樣態，就史學的發展
與時空背景的對應，做整體性的觀察與詮釋。

　　史學史的研究，一般說來，主要包括歷史實錄和史學理論兩方面。長期
以來，人們把史學史看做是歷史編纂學史。歷史編纂是研究歷史編纂和歷史
表述的方法、體例、結構和技巧的學科，亦即用那種形式、那種方法生動準
確反映歷史動態和過程。其實，歷史編纂不僅是方法問題，而是觀點問題，
二者是分不開的。〔註39〕而誠如前論，觀點是與時代背景有相關的，史學史

〔註38〕朱國楨，《湧幢小品》自序（上海：中華書局，1959 年 11 月第一版）。
〔註39〕袁英光、桂尊義，《中國近代史學史》（江蘇古籍出版社，1989 年 5 月第一版），
　　　　頁 1～2。

不能做爲一種孤立的現象來看，應把它放在當時的社會、政治、經濟、哲學、文學等開闊的視野上加以透視。史學史的研究必須與社會經濟、政治發展、文學風格、思想流派同時並觀。因爲它們之間有密切聯繫，而且互相制約著。本文在考察野史學發展的同時，也注意野史學與政治、社會、思潮文化等的關聯性。打破傳統的學案式研究，從時代的整體特性來了解明代史學，希望藉此能更正確地描述出明代史學發展的軌跡，並進而揭示其在中國史學史中的地位。

　　仔細分析明代的史籍，雖然當時各史學作品之間並無刻意的聯繫，其發展是不期然而然的，但是可以看出有明一代史學發展的軌跡，本文只就野史部份論述。野史筆記近年被大量運用，做爲研究社會、經濟史的重要史料，如徐泓〈明代社會風氣的變遷——以江、浙地區爲例〉，〔註40〕也有許多文章論述筆記的史料價值，如：〈宋人筆記史料價值〉，〔註41〕〈清人筆記的史料價值〉，〔註42〕但是很少被當做正式的史學領域來研究，本文即希望對明代野史學做通貫的研究，了解明代野史學的特色及其在中國史學全程發展中佔有的地位。釐清其發展的脈絡，並試做歷史詮釋，藉此重新檢討野史的價值，以跳離傳統「正史」意識的束縛。

　　歷史研究在材料的質與量兩方面都是有限制的，史料的正確性與完整性都是放在相對意識上判定，而沒有絕對。史家的職能便是在於：就有限的史料，述說具有無限意識的史實。因此，對於野史作品的觀察，不能只是停留在其史料的眞實性上做文章，而要就整個時代所呈現的現象來詮釋。在明代史學的發展軌跡上，我們只選取具有代表性的作品，以窺見其脈絡，選出作品的恰當與否，會影響我們對發展脈絡的理解，就如同選擇史實的恰當與否，會影響歷史敘述的眞確度。選擇個別作品只是手段而不是目的，因爲事實上，我們永遠無法用全部的作品來呈現其間的內在邏輯，在此只是盡可能地選擇作者本身具有強烈的歷史意識，或是作品具有史學價值者。

　　其次，史學史研究應當注意歷史著作中史料範圍的不斷擴大和鑒別分析的進步以及史籍記載形態的演變、歷史文學的發展變化等等問題。〔註43〕因

〔註40〕徐泓，〈明代社會風氣的變遷——以江、浙地區爲例〉，1979 年 6 月第二屆國際漢學會議論文集。

〔註41〕王瑞明，〈宋人筆記的史料價值〉，《中國歷史文獻研究》，武昌，1986 年。

〔註42〕來新夏，〈清人筆記的史料價值〉，《九州學刊》，四：1。

〔註43〕同註 39，頁 3。

此，本論文想從明代的野史學中探討明代人的歷史意識及其牽動的體例、論述方式的改變。如：明代人把歷史看成什麼？認為歷史有什麼用？用什麼形式表現？成就如何？在作者論方面，要探討作者撰作的動機，同時期作者之間的差異性和共同點為何？在作品論方面，我們要探討筆記作品的撰作意識與一般文集、史書或子書有何不同？是什麼史學意識引導人們去記錄這些史事，這些史料、史書到底反映什麼史學思想，史書方面有什麼成就及意識？在時代背景方面，我們要探討這些作品在每個時期的普遍情形如何？反映了什麼現象？是什麼環境思潮影響、形成這種樣式的史學（思想）？是否突破了舊時的框框？其價值、特性又如何？我們很難從體裁方面看到變化，只能從內容做分析，看到野史與時代相應的演變。從內容又看到作者的偏好、動機與目的。

野史學包含眾多煩雜的筆記作品，零零散散，其內容不文不史，亦文亦史，並不具備嚴格的史學規格。但是，從材料本身及其序跋、凡例都可隱約感受記錄者的時空意識（即歷史意識）。因此從這個角度切入，我們可以嘗試捕捉他們記錄時事、雜事的歷史意識，就暫且稱之為「野史意識」，這種意識也應該放在史學史的脈絡中來探討。例如，初期的零星掌故，只是博學、尚趣的延長，歷史意識及經世思想都很薄弱。由零星掌故發展成記實作品，已漸漸融入歷史意識與經世思想。彙編成書，總結一代歷史經驗，就當然有其歷史意識，如《吾學編》、《憲章錄》。

中國傳統史學一直是經學的附庸，思想本質是經學的，形式是文學的，所以經與史、與文都分不開。要了解歷史意識的演變，不可以只限於史書，而是凡能體現歷史意識的資料都必須涉獵。換言之，主題是明確的，研究的對象卻是廣泛的，史學與經學、文學、子學的重疊處都必須關注。另外，傳統中國史學的意義都是圍繞在「史書」的課題上，所謂「史學」就是指撰寫史書的相關問題，如史書的體例、真偽、意指及撰寫者的思想、動機、方法論。史家作史的旨趣、方法、具體反映在史書的體例、內容及論贊。因此，史書的剖析固然是史學研究的主體，史家的其他文字也是不可忽略的輔助材料。

野史作品非常龐雜，在傳統書目中分散在史部正史、編年史、雜史、奏議、政書、地理等類，以及子部小說家、雜家類中，為研究方便起見，我們必須將所有作品重新分類，以確實掌握學術發展的脈絡。本研究以作品為主軸，作者是依附作品而敘述，以深一層了解作品性質。至於年代的斷限則可

以彈性些，只能說某個作品有轉變的跡象，卻很難說那一年有重大轉變。換言之，以作品性質、風格的轉變來反映時代的轉變。最後，總結明代史學、史著的發展與特性。

探討一代史學發展，最基本最直接的材料是當代的史學作品。有明一代留存至今的史書，尤其野史，可謂汗牛充棟，雖歷經戰亂及禁燬，其數量仍是前此各朝代之冠，其所記載的內容與形式也最稱繁富。加上近年中國整理新校註的，有些是私人藏的珍本、孤本。國內中央圖書館所藏的明代史籍及明人文集、地方志都極爲豐富，近年又從日本影印明代典籍。再加上台海兩岸解凍後，書籍流通方便，可以隨需要訂購大陸方面所整理出版的明代典籍以及各種期刊論著。因此，在研究資料的取得方面，頗爲龐雜，不易周全，因此本文所羅列探討之書目極有可能漏失，只有請專家學者不吝指教，隨時補正。

有明一代留下來的野史著作到底有多少？可以依據現存的一些書目，例如：楊士奇《文淵閣書目》、張萱《內閣藏書目錄》、焦竑《國史經籍志》、黃虞稷《千頃堂書目》、《明史·藝文志》、《四庫全書總目》等來相互參照，或許可以統計出一個較爲接近眞實的數字。本論文以《中央圖書館善本書目》做基礎製作一份明代野史的詳細書目（包括史部傳記類、政書類、子部雜家類、小說類、類書類），請參照書後附錄一。

本論文的研究，除了重視明代野史現象，重估其意義外，最重要的也是表達筆者的歷史觀，就是以現代人的觀點重新詮釋歷史，賦予歷史更寬廣的意義，而不只是翻譯古代文獻拾古人之牙慧，甚至受傳統價值觀拘束、奴役，企圖建立現代人的史學論釋模式。

史學思想在史學史中占有頭等重要的地位，無論那一位史家、那一個史學流派，都有一定的思想做指導的。例如：宋濂的史學思想產生宋濂的史學成就。研究史學史必須通過各個時代的各個各派和思想形成與演變的研究，更寬廣地探討其中的歷史意識，甚至指出歷史觀念的階級屬性與特點。但是，限於篇幅與能力，本論文不能詳細論述野史學者的史學思想、文學風格與史學思想之間的關係等問題，期待後日繼續詳細考察，讓明代野史學這個課題更加豐富、完整。

第一章　明代史學的研究概況與明代野史的分期

第一節　前人對明代史學的評價

　　到目前為止，所有「中國史學史」的專著中，有關明代部份的敘述總是非常簡略，而且對於明代史學在中國史學史上的地位都持負面的評價，各家不約而同地都視明代為「中國古代史學發展的衰落期」，細察其理由，又都是籠統的寥寥數語，說服力很薄弱。最常見的評語是「正史不彰，野史充斥」，這個評語既是各家的「共識」，不就正反映這種史學現象是明代史學的特色？而且相對於明代留存至今的浩瀚史籍，〔註1〕上述這種評價也是值得商榷的。史學價值固然必須討論，可是這種史學現象也值得深入了解。到底何以致之？從整個史學史的角度，應如何看待？有何意義？這都是本論文研究的焦點。

───────────

〔註1〕單就《明史・藝文志》所著錄的史部著作，就已達 1316 部，總計 28051 卷，遺漏者尚多。據周彥文，〈《千頃堂書目》與《明史藝文志》之淵源關係〉（《銘傳學報》，二十二期，1985 年 3 月，頁 4～6）結論云：「《明史藝文志》之淵源，蓋由俞邰（黃虞稷）私撰之《千頃堂書目》為其濫觴，歷經俞邰《明史藝文志稿》，徐乾學裁訂稿、王鴻緒刪訂進呈稿，而至今行本張廷玉編《明史藝文志》。其間以徐乾學裁訂稿最為詳備精良，經王鴻緒之大量刪削，則已不足難矣。」另據《明史藝文志廣編》（臺北：世界書局，1976 年 12 月再版）前言云：「到康熙三十三年至雍正元年期間，史館總纂王鴻緒又作了第二次刪削，從一萬二千多書中刪存四千多種，把凡所謂『無卷帙氏里可考』和『書不甚著』者都刪去。按《千頃堂書目》所著錄明代史部有 4720 種，據《增訂本千頃堂書目》（臺北：廣文書局，1981 年 10 月再版，）目錄。

　　首先，要檢討明代以來，史學界對這個現象的態度與評價，同時也可以瞭解從明代以來，「野史」給人的印象的演變。最早對明代史學提出批評的人是明代中葉的文壇領袖王世貞，他指出明代野史有三弊：

> 一曰挾郄而多誣。其著人非能稱公平賢者，寄雌黃於眦睚，若雙溪雜記、瑣綴錄之類是也。二曰輕聽而多舛。其人生長閭閻間，不復知縣官事，謬聞而遂述之，若枝山野記、翦勝野聞之類是也。三曰好怪而多誕。或創爲幽異可愕，以媚其人之好，不覈而遂書之，若客坐新聞、庚巳編之類是也。其爲弊均然，而其所由弊異也。舛誕者無我，誣者有我。無我者使人創聞而易辨；有我者使人輕入而難格。〔註2〕

固然王氏所列舉的野史著作，確如其言，有諸多必須檢討的弊病。但是王氏所舉不過是明代前期眾多野史中公認評價較低的，若以偏概全地就認爲明代野史學著作都是這等水準，顯然不公平。但是因爲王氏是當代文壇的領袖，所做的批評自然具有舉足輕重的地位，而左右了當時乃至後人對明代史學的評價。不過，王世貞上述的評論，只就野史部份而論，並無全面否定明代史學之意。眞正造成明代史學予人負面的刻板印象，應該從明末清初的學者的評論瞭解起。他們對於明人的野史著作幾乎持全面否定的態度，並提出猛烈的批判，如張岱云：

> 第見有明一代，國史失誣，家史失諛，野史失臆，故以二百八十二年總成一誣妄之世界。〔註3〕

明末知識份子的悲切之情，溢於言表，甚至視有明一代的史學著述一無是處，顯然不是平實的批評。潘耒則有如下評論：

> 明有天下三百年，而史無成書。奮筆編纂，凡十數家。淺陋蕪雜者固不足道，既號稱淹雅，儼有體裁者，徐而按之，亦多疏漏舛錯，不得事情。良以列朝實祕藏天府，士大夫罕得見；而野史家乘，淆亂紛，惟憑一說，鮮不失眞也。〔註4〕

潘氏一方面感嘆官方「史無成書」，一方面批評私家編纂「多疏漏舛錯，不得

〔註2〕王世貞，《弇州山人四部稿》（國立中央圖書館藏明萬曆五年吳郡王氏世經堂刊本）卷七一，〈明野史彙小序〉，頁1。

〔註3〕張岱，《瑯嬛文集》（湖南岳麓書社，1985年7月第一版，卷之一），〈石匱書自序〉。

〔註4〕潘耒，《遂初堂文集》（國立中央圖書館藏雍正間刊本），卷六，〈國史考異序〉。

事情」，而且諒解疏漏舛錯的原因是「列朝實錄祕藏天府，士大夫罕見」。這是持平之論，也能指出問題的癥結所在，比張岱平實得多，只是對於野史的批評同樣都停留在「疏漏舛錯」的部份，沒有超出王世貞的論點。清初史學家萬斯同對明代眾家史書則是一一點名批判，認為諸家史書「牴牾疏漏，無一足滿人意者」：

> 如鄭端簡（曉）之《吾學編》、鄧潛谷（元錫）之《皇明書》，皆倣紀傳之體，而事跡頗失之略；陳東莞（建）之《（皇明）通紀》、雷古和（禮）之《大政記》，皆倣編年之體，而褒貶閒失之誣；袁永之（袞）之《（皇明）獻實》，猶之《皇明書》也；李宏甫（贄）之《續藏書》，猶之《吾學編》也；沈國元之《從信錄》，猶之《通紀》；薛方山（應旂）之《憲章錄》，猶之《大政紀》也。其他若《（國朝）典彙》、《（弇州山人）史料》、《史概》、《國榷》、《（皇明）世法錄》、《昭代典則》、《名山藏》、《頌天臚筆》、《同時尚論錄》之類，要皆可以參觀而不可以為典要。惟焦竑《（國朝）獻徵錄》一書，搜採最廣，自大臣以至郡邑吏，莫不有傳，雖妍媸備載，而識者自能別之。
> 可備國史之採擇者，惟此而已。〔註5〕

萬氏把國史懸為史學的最高標準，私家所撰史著當然沒有一部「足滿人意」，像《史概》、《國榷》、《名山藏》等史著的內容應屬詳贍，其史學價值亦公認較高的，都認為「只可以參觀而不可以為典要」，眾多的筆記小說、野史，就根本不予論列，這就未免太過嚴苛，不能不說是一種偏見。〔註6〕因為萬氏在「明史」的領域裡享有崇高的地位，他的批評便被奉為圭臬，明代史學「無足觀」的刻板印象，就此更加牢固。

　　明朝人（包括自許為遺老者）對於本朝的史書尚且做了如此無情的批判，

〔註5〕萬斯同，《石園文集》（四明叢書，第四集第四冊，臺北國防研究院，1966年10月初版），卷七，頁3。

〔註6〕萬氏對諸史的批判之語，如「事蹟頗失之略」、「貶閒失之誣」等，都嫌苛責，試問，歷代史書中，除了史記、漢書、資治通鑑等少數較受肯定的幾部外（也不是沒有貶詞的），那一部不能挑出上述兩項缺點？歷史撰述原就有其限制，事蹟之詳略，褒貶之當否，也沒有絕對的標準，一味地抹煞，不公平而且缺乏說服力。張萱《史竊》序，「夫史難言矣，古之為史者，數十家，班固、范曄，當時一以為淺陋，一以為佻巧。……左氏與龍門氏稱良史焉，乃范寧謂左而豔，其失也誣；王通謂史之失，自遷始，日記煩而志寡。噫，二史猶不免於腹誹，則言史於今，尤難之難矣。」

清朝人更是毫不留情地否定明人的學術成就。清修《四庫全書總目提要》是清初學術的具體呈現，其學術評價應具代表性。今人謝國楨氏以明代野史說部之書為例，指陳清人貶明朝學風的政治企圖。清乾隆時，官修的《四庫全書總目提要》裡，對唐、宋的雜家稗史，評述起來，有褒有貶；但一提到明代的野史雜記就說是：「明人恣從之習，多涉疏舛」。又說：「焦竑亦喜考證，而習與李贄游，動輒牽佛書，傷于蕪雜」。還說：「明世習于作偽，明代小說如《雙溪雜記》其記正、嘉之間，則自任其私，多所污蔑，不可盡據為實錄」。由這些論斷，得出來的結論是明代說部之書是毫無足取的。清朝統治者貶低明朝學風的企圖，是為著提高清朝統治者的地位。〔註7〕而《四庫全書》在中國學術傳統裡佔有權威的地位，它的學術評價自然成為學術界的主流意見，因此，後人對於明代的文化、學風的惡感，有很大部份是受到上述這種政治企圖的影響，史學只不過是其中一項而已。進一步說，明代史學會遭到貶抑忽略，其實就是明朝一代整體文化成就遭到貶抑。〔註8〕

綜觀以上所舉對明代史學的批評，可以理解各家的評價隱含兩種非學術性因素：一、明朝人，尤其是明末諸遺老在檢討本朝學術時，會不自覺地流露激越的情緒，而有過度嚴苛的批判。二、清朝人為了凸顯其取代政權的正當性，刻意貶低明代的一切表現，誇張其負面。這兩種因素都非常主觀，其學術評價自然要相當保留，不足為據。

除了上述兩種非學術性因素外，從史學的角度來看，也有兩項傳統因素影響對明代野史的評價，一是官（國）史優於野（私）史的觀念；一是文獻考證的標準。

傳統中國史學通常分做官史與私史兩大範疇，尤其自唐代史館制度建立之後，私史相對於官史更無地位。一般人在名稱上已顯示其價值判斷，官史意味權威、精確，而私史則「非誣即妄」。事實上，歷史的權威與精確是相對而非絕對的，私家撰史固然難免資料不全、撰述不精確，然官方修史所具有的特定政治立場，也是史學真實性的致命傷。傳統中國史學的觀念顯然不瞭解歷史記述的客觀限制，而盲信官史的權威。這種觀念全部都印證在對明代史學的評價上，以歷史記述的相對性而言，這一點也是值得商榷的。

〔註7〕 謝國楨，《明末清初的學風》（北京：人民出版社，1982年6月一版），〈明清野史筆記概述〉，頁90。

〔註8〕 同上註。

　　另一個使明代史學被貶抑的原因是清代以來的歷史考證學風所致。清乾嘉的考證學派與民國以降的蘭克學派都是以考證確實及充足文獻為標準來檢驗史學的價值，明代的私家野史、筆記掌故在這種標準下，當然遭受批評，不被史學界所肯定。另外，有一項可以理解的原因是，清初連續文字獄以及編纂《古今圖書集成》、《四庫全書》後，許多明史典籍難免涉及異族政權的忌諱而遭到嚴重禁燬。〔註9〕《四庫全庫》著錄或存目僅其中一部份，數量上未能如實呈現；而且質量上又經《提要》的「誤導」，後人自然對明代史籍沒有好評。

　　歸納起來，造成明代史學長期被忽略、被貶抑的原因，主要有以下幾方面：

　　一、明末學者的嚴苛批評：明末清初的學者對於明人史學著作的苛刻批評。如張岱謂有明一代「總成一誣妄之世界」，潘耒謂明代「史無成書」，萬斯同甚至認為諸家史書「抵牾疏漏，無一足滿人意者」。

　　二、清朝官方的刻意貶抑：清朝官方企圖誇大明代學術的缺點，以凸顯其取而代之的政權正當性，把明代的種種成就都一筆抹殺，表達明亡清起，是合理的、是必然的。所以順著明末遺老的批評，加以全面否定。這種政治化的學術立場，明顯反映在「四庫全書」的選書及提要文字上，而四庫的標準再影響了清代以來的學術意見。

　　三、傳統史學界對私修歷史的偏見：傳統史學往往以官修「正史」為精確而權威，對於私修歷史書則多所批評，認為「非誣即妄」，王世貞對野史的批判即是典型。尤其唐朝史館制度確立後，「正史」的地位便屹立不搖，民間的記錄、野史多不被承認，充其量只是「供國史採擇」而已。明代官史不彰，而私修野史及眾家掌故筆記大量問市，這種現象，正是傳統史家最不齒的。

　　四、傳統史學界對當代的懷疑：在「時間是真理之母」的觀念引導下，總認為歷史必須經過若干時日之後，才會獲得比較公正客觀的真相，對人、事評價也比較準確。對野史的偏見也同時反映出對當代史的質疑，而明代最多當代人撰作當代史（本朝史），以及當代人的隨筆記錄，這也成為明代史學遭到史家貶抑的原因之一。

〔註9〕參閱喬治忠，《清朝官方史學研究》（臺北：文津出版社，1994年3月初版）頁224。清初，到康熙朝時期，官方並未主動張起文網去搜索觸及時忌的明史著述，其影響只是暫時的與局部的。要到乾隆四年（1739）《明史》刊行以後，私家明史學的研治才減弱。尤其乾隆朝持續三十餘年的文字獄，特別針對記述明代史事的野史，使得私家明史學降至極點。

五、清初文字獄以後，明史典籍遭到禁毀：清初連續的文字獄，及編纂《古今圖書集成》、《四庫全書》而禁燬的典籍很多，其中又以明史典籍涉及異族政權的忌諱，受到禁燬特別嚴重，只有少數被四庫全書著錄或存目。一般學者所見又多以四庫全書著錄者為主，無緣閱讀原書，很自然地對明代史籍沒有好評。

六、明代史籍浩瀚，不易遍讀：今人雖然可以看到比明、清時代的人更多的史籍，但是正因為多而不易遍讀，很容易受前人的解題或書評所左右，而沒有親自閱讀，體會其著作精神。

七、考證學風與蘭克學派的標準使然：由於清代乾嘉考證史學及二十世紀以來的蘭克學派都以考證精粗及重視文獻程度的標準來檢驗史學的價值，對於明代眾多野史、掌故筆記等作品，當然很難視為正統史學而加以肯定。

明末清初，政治局勢變動劇烈，明代野史卻屬全盛期，全祖望稱「明季史乘，不下千家」，蓋當時人士迫於清軍之入關，痛治者之受削，積憤於中，不能不吐，因之發為文章，冀以警策將來。而雍乾以降，清廷為壓制士民，鞏固其統治，不得不先嚴野史之禁，以期泯滅史蹟，藉杜人口。

明代的野史真正大量成為眾人研究的焦點，要到鴉片戰爭之後。憂時之士，鑒於國勢之凌替，外患之頻，把明季野史當成「激勵士氣，發揚民族氣節」的教材。迨至辛亥革命，禁網既弛，遺書日出，昔日秘藏之苦衷，已可昭揭於今日，名篇巨製，為昔人所不易睹者，皆可以家睹玄絃而戶誦矣。〔註10〕然而從明季野史擴大至明代全面性的野史研究則要到謝國楨氏才開始。

謝國楨承繼清中葉以後對明季野史的研究熱潮，開始積極收輯明季野史，民國二十年在北平圖書館工作時，受梁啟超的啟發，開始編《晚明史籍考》。1962年修改重定，增訂之。搜輯萬曆至崇禎，以迄清康熙間平三藩事件時為止的野史稗乘。

此外，謝氏繼續廣收明代前、中期的筆記小說，並撰成《明清筆記小說談叢》，才大大引起人們對明代野史的重視。另外，亦輯錄明代野史筆記成《明代社會經濟史料選編》。〔註11〕

〔註10〕 參閱謝國楨，《增訂晚明史籍考》（上海古籍出版社，1981年2月新一版），序。
〔註11〕 謝國楨，《明清筆記談叢》，上海古籍出版社，1981年3月新一版。《明代社會經濟史料選編》（明代野史筆記資料輯錄之一），福建人民出版社，1987年7月第一版。

同樣的學術思想，在不同的時代可能會有不同的評價，因爲評價的標準會改，評價者的背景也不一樣。對於明代史學，亦當如是觀。今天我們不是明末遺老，可以擺脫激越的情緒；我們也不必有清初的政治企圖；再者，考證學派、蘭克學派所揭櫫的原則也不再是檢驗史學價值的唯一尺度。當這些影響我們認識明代史學的因素逐一消失，我們應該站在更寬廣公平的角度，重新審視明代史學，並對於其在中國史學發展史中應有的地位，給予適當的評價。

第二節　明代史學的研究概況

誠如前述，自明末以來，明代史學就一直受到學界的貶抑，不受重視。因此，當中外學者對於明代史的諸種領域、現象做了深入的探討，並提出豐碩的成果與發現時，〔註 12〕惟獨「史學」一項乏人問津，漫長的二、三百年中，只有王世貞、焦竑、李贄的史學地位較受到肯定，研究的人也比較多，其次就是明末三遺老顧炎武、黃宗羲、王夫之常被劃入明代史學的範圍，成爲另一個焦點。除此之外，就很少被提到或作專題研究，研究成果可資參考者，寥寥可數。〔註 13〕歷來有關中國史學史論述，無論是通論性的專書或個

〔註 12〕關於明代史研究的全盤性介紹，最具參考價值的中文近作有兩本：一是李小林、李晟文主編，南炳文審定的《明史研究備覽》，天津教育出版社，1987年出版；一是高明士主編《中國史研究指南》（明清史篇），臺北：聯經出版社，1990 年出版。

〔註 13〕民國以來對明代史家的研究概況如下：
1. 有關丘濬的研究成果，可參考李焯然，《丘濬之史學——讀丘濬『世史正綱』札記》（明史研究專刊，第七期，1987 年 6 月）頁 165，註 2；《丘濬的經濟思想》，中國經濟思想史，下冊，頁 326～380，1981 年 10 月；Chu Hung-lam（朱鴻林）. Ch'iu Chun（1421～1495）and the Ta-hsueh yen-I Pu: Statecraft Thought in fifteen-Century Chian. Ann Arbor: University Microfilms International, Michigen, 1983, 517p.
2. 有關王世貞的研究成果，有：包遵彭，《王世貞及其史學》，史苑，七期，1966 年 5 月；許建崑，《王世貞評傳》，臺中，私立東海大學中文研究所碩士論文，1976 年 6 月；姜公韜，《王弇州的生平與著述》，國立臺灣大學文學院文史叢刊，1974 年 12 月初版。
3. 有關李贄的研究成果，可參閱：Chan, Hok-Lam,（陳學霖）Li Chih in contemporary Chinese Historiography. White Plain, N. Y.: M. E. Sharp, 1980.；王頌梅，《李卓吾的文學理論及其實踐》，臺北：私立東吳大學中文研究所碩士論文，1983 年。
4. 有關焦竑的研究成果，有容肇祖，《焦竑及其思想》，燕京學報，二十三期，1938 年 6 月；昌彼得，〈焦竑國史經籍志的評價〉，《屈萬里先生七秩榮慶

別論文都一致偏低。爲確實掌握問題的核心，找到研究的起點，特別對以往與本主題相關的研究做一番回顧，茲分通論與個論兩項敘述如下：

一、通　論

中國史學史的研究歷史很短，最早爲這個研究領域畫出輪廓的要數梁啓超。〔註14〕可惜對中國史學發展做全程銳意通觀的研究很少，大多只是粗略浮泛的概說。直到近年，國內史學史研究才漸趨熱絡，對於各斷代的史學發展做詳全的分析與闡述，較著名的如：杜維運的《清代史學》、雷家驥的《中古史學觀念史》、張榮芳的《唐代的史館與史官》等專著。但是，迄今尚未有對明代史學做通論性研究的著作。在民國以來的幾本重要中國史學史專著中，〔註15〕對於明代史學論述較爲詳細的，當屬李宗侗的《中國史學史》。該

論文集》，臺北：聯經出版公司 1978 年；李焯然有：《焦竑與陳第——明末清初古音學研究的兩位啓導者》（語文雜誌，七期，1981 年 6 月）；《焦竑之三教觀》（東方，1982 年）；〈焦竑之史學思想〉（書目季刊，十五卷四期，1982 年 3 月）；〈焦竑及其《玉堂叢語》〉（食貨月刊，十二卷六期，1982 年 9 月）等四篇；林慶彰，《明代考據學研究》（臺北：臺灣學生書局，1983 年 7 月初版），頁 301～84，「焦竑」。

5. 有關談遷研究成果，有：余介，〈談遷的『國榷』〉，光明日報，1959 年 4 月 8 日；吳晗，〈談遷與『國榷』〉，求是，1961 年。

6. 有關張岱研究成果，可參考陳清輝，《張岱生平及其小品文研究》（高雄，國立高雄師範學院國文研究所碩士論文，1981 年 6 月）頁 175～6。

7. 有關祝允明的研究，參閱間野潛龍，〈祝允明的史學〉，《史林》，五十一卷一號，1968 年 1 月。及 Christian Murck, Chu Yun-Ming（1461～1527）and Cultural Commitment in Soochow. Ann Arbor, Mich.：University Microfilms International, 1978.

8. 胡應麟研成果有：吳晗，〈胡應麟年譜〉，《清華學報》，九卷一期，1934 年 1 月；簡錦松，〈胡應麟之生平及詩藪產生之背景〉，《中國市專學報》，四期，1983 年 6 月；林慶彰，《明代考據學研究》，頁 187～300，「胡應麟」。

9. 有關楊慎研究成果，可參閱：《中國近八十年明史論著目錄》，頁 259～60；林慶彰，《明代考據學研究》，頁 36～127。

〔註14〕梁啓超《中國歷史研究法（補編）》（臺灣中華書局，1973 年 11 月臺十版），頁 151～168。在中國歷代史籍中，我們不難看到一些有關中國史學發展的論述，但是有系統地對中國史學史做全程的研究，寫成專書，進而成爲一個專門的研究領域，則是從梁啓超開其端。他在 1926 至 1927 年間講「中國歷史研究法補編」時，設專章講史學史，認爲史學本身很有獨立作史的資格，並提示研究方向。

〔註15〕關於中國史學發展的論述，從司馬遷到章學誠，不乏有些深具啓發性的篇章，而把中國史學史當成一門研究領域，揭示中國史學發展的總體全程的，梁啓

超可以算是先驅者。雖然梁氏沒有寫成專著，但是，他所提示的史學史範疇已經頗具啓發性。（梁的學生）姚名達、蒙文通、何炳松都有著作《中國史學史》，只是皆未見出書。1930 年以後，關於中國史學史的專書便不斷問世，根據朱仲玉撰〈中國史學史書錄〉，刊於《史學史研究》，1981 第二期，一文，著名的史學史專著列舉如下：

1. 《中國史學 ABC》，曹聚仁，上海世界書局，1930 年。本書是由作者暨南大學的講義改寫的。全書共十章，前五章是介紹史籍內容，第六章起敘述中國史學演進。

2. 《史學概要》，盧紹稷，上海商務印書館，1930 年。全書七章，第二章是中國史學界之回顧；第四章第二節是現代中國史學之發達。

3. 《中國史學演化之陳跡》，何炳松。

4. 《史學概要》，羅元鯤，武昌亞新地學社，1931 年。

5. 《史學通論》，周容，上海開明書店，1933 年，全書共五章，第二章論中國史學史。

6. 《中國史學史》，陸德懋，北平師範大學內部印行，是目前所見以《史學史》命名的較早的書。全書九章，分別是：一、歷史的起源。二、夏商及周初的史學。三、春秋戰國的史學。四、兩漢的史學。五、魏晉的史學。六、南北朝的史學。七、隋唐的史學。八、宋元明史學。九、清代的史學。

7. 《中國史學史》，衛聚賢，暨南大學內部印行，1933 年。全書有六題：歷史的起源及演進，史學的分類及目錄、正史及史目，歷代的史官，歷代的史學家等。其中正史及史目一題所佔篇幅最多。

8. 《史學通論》，李則綱，上海商務印書館，1934 年。全書十章，只有第三章有一題「中國史學史鳥瞰」。不到一萬字。

9. 《中國史學史》，魏應麒，上海商務印書館，1941 年。本書分上下二編，上編講中國史學之特質與價值，中國史籍之位置與類別，中國史官之建置與職守。下編按時代順序論述中國史學發展狀況。其中第十章是民國以來之史學。

10. 《中國史學史概論》，王玉璋，重慶商務印書館，1942 年。

11. 《中國史學通論》，朱希祖，重慶獨立出版社，1943 年。

12. 《中國史學史》，金毓黻，重慶商務印書館，1944 年，北京中華書局，1962 年（新版）。

13. 《史學纂要》，蔣祖怡，重慶正中書局，1944 年。上海正中書局，1946 年。本書分四編：一、緒論，二、史書，三、史學，四、餘論。其中第三編第一至三章爲「史學略史」。

14. 《當代中國史學》，顧頡剛，勝利出版社，1947 年。

15. 《中國史學史提綱》，周谷城，載〈中國史學之進化〉，1947 年。共六期六個專題，二十二條。

16. 《中國史學概要》，方壯猷，上海中國文化服務社，1947 年。有鄧廣銘序及自撰後序。以導言開篇，下分七章，分別論述：中國史學的起源，紀傳史、編年史、紀事本末、制度文化史、方志與家譜。

17. 《中國史學史》，李宗侗，中華文化出版事業委員會，1953 年。

18. 《中國史學史論集》，吳澤主編，上海人民出版社，1980 年。已出一、二

書第十三章為「明代的史學」，內分官修元史、官修及私修明代史兩節敘述。
李氏總論明代史學云：

> 明代私人所修史極多，除上述以外，不成系統之短史亦眾。上可比
> 美於宋，而非清代所能及。然而求若續資治通鑑長編之網羅北宋一
> 代史事而少失遺者，並不可得，則因明人之史才終不若宋人也。以
> 數量言之，則兩代相近；以質言之，則明遠不能上比於宋也。〔註16〕

李氏在本節所提的明代史著，只有陳仁錫《皇明世法錄》、焦竑《國朝獻徵錄》、

兩輯。

19. 《中國古代史學史》，朱杰勤，河南人民出版社，1980 年。全書十八章，
除第一章導言，論述中國史學史研究的對象與方法外，第二章以下按時
代順序論述史家、史著。

20. 《中國史學史論叢》，張孟倫，蘭州大學歷史系印行，1980 年。全書分十
個專題，分兩題，一類是關於某一代撰修史書上的問題；另一類是關於
某一史學名家及其專者。

21. 《中國史學之階段的發展》，朱謙之，中山大學史學研究所，〈現代史學〉
第二卷第一、二期，1934 年 5 月。

此外，1981 年以後，大陸陸續出版的史學史專書有：

1. 《中國古代史學史概論》，高國抗，廣東高等教育出版社，1985 年。
2. 《中國史學簡史》，施丁，河南中州古籍出版社，1987 年。
3. 《中國古代史學史略》，陶懋炳，湖北人民出版社，1987 年。
4. 《中國史學史（第一冊）》，白壽彝，上海人民出版社，1986 年。
5. 《中國史學史資料編年》，楊翼驤，天津南開大學，1987 年。
6. 《中國史學發展史》，尹達，河南中州古籍出版社，1985 年。
7. 《中國史學史》，張孟倫，蘭州甘肅人民出版社，1983 年。
8. 《中國史學史論叢》，陳光崇，瀋陽遼寧人民出版社，1984 年。
9. 《中國史學史稿》，劉節，河南中州書畫社出版，1982 年。
10. 《中國近代史學史》，吳澤主編，江蘇古籍出版社，1989 年。

相對於大陸對於中國史學史的研究與出版，臺灣部份則有愧焉。除前面已提
到的李宗侗《中國史學史》以外，臺灣的史學史專著有：

1. 《史學概要》，李宗侗，正中書局，1968 年。
2. 《中國史學論文選集》（一、二、三），杜維運、黃進興，華世出版社，
1976 年。
3. 《清乾嘉時代之史學與史家》，杜維運，學生書局，1989 年。
4. 《清代史學與史家》，杜維運，三民書局。1984 年。
5. 《唐代的史館與史官》，張榮芳，中國學術著作獎助委員會，1984 年。
6. 《中古史學觀念史》，雷家驥，學生書局，1990 年。

除了史學史的專著外，1920 年，李大釗著《史學思想史》及 1924 年出版的《史
學要論》，是闡述歷史觀問題，勉強也算史學史的範圍。

〔註16〕李宗侗，《中國史學史》，臺北：華岡出版部，1963 年 8 月重版，頁 139。

雷禮《列卿記》、項篤壽《今獻備遺》、徐紘《明名臣琬琰錄》、《續錄》及朱國楨《史概》，這些都是萬曆以後，明實錄大量傳抄，流入民間後所撰的史書，實則嘉靖年間已另有一撰史之高潮，重要作品有鄭曉《吾學編》、薛應旂《憲章錄》、陳建《皇明通紀》。而即使萬曆以後，也有何喬遠《名山藏》及尹守衡《明史竊》，這些著作各有特色，實在未可一味評爲「史才終不若宋人也」。

　　大陸學者近年出版了幾本中國史學史的專著，惟對明代史學部份的敘述也了無新義。擇要介紹如下：

　　施丁著《中國史學簡史》中，有關明代的部份有幾個段落：第十一章介紹黃宗羲與學術史、地理方志。第十二章是史論、史考與修補舊史——王夫之的史論、顧炎武的史考。第十三章則論及王世貞、顧炎武評明代史學與學風。〔註17〕對明代史學只有蜻蜓點水式的簡單介紹，談不出重點。

　　陶懋炳著《中國古代史學史略》，第五編第一章專章介紹明代的史學，內容包括（一）明修《元史》和宋濂、王禕、（二）《明實錄》、《永樂大典》和《明會典》、（三）李贄的史論、（四）談遷撰《國榷》。〔註18〕所敘述的項目及內容仍是陳腔爛調，對明代史學沒有新的見解。至於將黃宗羲、顧炎武、王夫之的史學歸入「明清之際三大師」敘述，是比較合理的。

　　尹達著《中國史學發展史》中，有關明代史學內容，分兩部份敘述：一是第三編第五章「宋明間的史論與史考」，尹氏認爲因受當時社會思潮的影響，「自宋至明，史論的著作越來越多；而史考的著作，日益減少。」二是第四編第一章「明清之際歷史思想的進步性」，介紹李贄及黃宗羲、王夫之、顧炎武的歷史思想。〔註19〕從思想史的角度來評述李贄等人的史學思想。見解新穎獨到，但是過份概念化，也沒有觸及明代史學發展的關鍵。

　　高國抗著《中國古代史學史概要》第四編介紹明清史學，僅在第一章做「明代史學略述」。其中大部份在批判封建專制對學術思想的壓抑，致造成中國古代史學開始衰落。然後簡單評述官修《元史》、《實錄》、《大明一統志》、《永樂大典》等書，最後才提及私撰的各種史籍及明人所寫的歷史紀聞。高氏評價這些私史，「體例和思想觀點均缺乏創新，因而在史學史上沒能占有重要的地位」。歷史紀聞「在史學思想和編纂方法方面，也沒有什麼突出的成就。」

〔註17〕施丁，《中國史學簡史》，中州古籍出版社，1987年8月一版。
〔註18〕陶懋炳，《中國古代史學史略》，湖南人民出版社，1987年12月第一版。
〔註19〕尹達，《中國史學發展史》。

「總的說來，明代的史學成就還遠比不上宋代。」高氏認爲「這完全是封建專制壓迫的結果。」〔註 20〕過度泛政治化使高氏不能平心靜氣地細看明代史學的眞貌，其論斷亦失之空泛。

到目前爲止，對明代史學做了深且廣的通論敘述的著作，要屬內藤虎次郎的《支那史學史》。該書第十一章「明代的史學」，共分十三節介紹，依次爲「元史的編纂」、「大規模的編纂作品」、「掌故學之一變」、「李贄的史論」、「楊愼之學」、「歸有光的史記點」、「胡應麟的筆叢」、「正統論」、「王光魯的沿革地圖」、「焦竑的目錄學」、「金石學」、「經世文的編輯」、「類書」等。包括了史學、史料、史論、考證、歷史地理、書目、類書等各方面內容，具體而微地觀照了明代史學的全貌。最特別的是，指出明代掌故學的特色，並以王世貞、焦竑「以實錄爲本位」的「新掌故史學」爲分界點，論述明代史學前後期的轉變。〔註 21〕內藤氏是首次對明代史學，尤其是掌故野史有正面而獨特的評價，他的觀點也爲間野潛龍、傅吾康等人直接引用。〔註 22〕

除上述史學史專著中所敘述的明代史學外，近年大陸學者有兩篇通論明代史學的論文，頗有新義，値得評介如下：

一是葛兆光撰〈明代中後期的三股史學思潮〉。〔註 23〕葛氏指出明代中葉以後，相繼出現三股與前期保守、空疏史學相背離的史學思潮。第一股是嘉、隆、萬年間，維護史學觀性、嚴肅性的思潮，野史掌故之書，由隨手撮記、道聽塗說，不加考核，向採據實錄、邸報爲主，注重考核等比較嚴肅的方向發展，指的是王世貞、焦竑等人的史學。這一種提法與前述內藤虎次郎一樣。第二股思潮，是以李贄史論爲代表的史學異端思潮，這是相對於前期卑之無甚高論的史論著作……其中所敘所評，無非故作翻案文章，借論史嚴厲批判中國封建理論。第三股是經世實用的史學思潮。因爲萬曆以後，整個時代的政治經濟、軍事發生巨大的危機，引起了社會思潮的變化。面對危機，知識份子提出的解決方案有兩種，亦因此，經世實用的史學思潮分做兩支流：一

〔註 20〕 高國抗，《中國古代史學史概要》，頁 338～350。
〔註 21〕 《內藤湖南全集》，第十一卷，《支那史學史》，日本，筑磨書房，1969 年 11 月，頁 270。
〔註 22〕 參閱間野潛龍，〈祝允明的史學〉一文，《史林》，五十一卷一號，1968 年 1 月，及 Wolfgang Franke.（傅吾康）An Introduction to the Sources of Ming History,（明代史籍彙考）Kuala Lumpur and Singapore: University of Malaya Press, 1968. Introduction.p.6
〔註 23〕 刊載於《史學史研究》，1985 年第一期。

個是欲從「正人倫、敘綱常」，以糾正士人風習做起。注重「君子小人之辨」，史家以「政治清明取決於人臣的賢奸」的泛道德觀點論史評人，「完全是政治見解的折光與投影」。另一支則是從總結歷史上治世的具體措施出發，為明朝提供可資借鑑的東西。表現在著作上，則如馮應京《實用編》、馮琦編《經濟類編》、陳子龍《經世文編》、陳仁錫《皇明世法錄》及徐光啓《兵機要略》及《農書》等等。所涉及的題材比一般記人事的褒貶史學要寬廣得多。在功能上，也比較實際，不像褒貶史學歸納出一定則來束縛人，而是使人們在制度沿革中獲得智慧，進一步去改革或創造。

　　葛氏的論點極具概括性與啓發性，可以看到明代史學發展的一些特點，頗為發人深省。但是葛氏從思想史的角度立論，對於明代史學的實質內涵著墨不多，顯得空疏浮泛。也因為從思想史角度切入，對「史學」的定義空泛模糊，所以將《兵機要略》、《農書》等著作也納入史學思潮的範疇，使論題焦點模糊。時代思潮固然會影響史學思潮（如史學討論的題材和重點），但二者並不能等同。我們可以說經世實用的思潮引導《兵機要略》、《農書》等書的編輯，但這些書本身卻不是史學的範疇。這一點是葛氏論文可以挑剔的地方，但無論如何，他所提供的思考方向是很可貴的。

　　另外一篇是姜勝利撰〈明代野史述論〉〔註24〕內容是探究明代野史興盛的原因及其史學價值。姜氏將明代野史的發展分作兩個階段敘述：一是洪武至正德，一是嘉靖以後。前段野史產生而發展緩慢；後段則推向高潮而經久不衰。每個階段都詳細舉例說明其內容，可以一窺明代史學的堂奧。至於野史興盛的原因，作者指出包括：繼承歷代重視當代史傳統，彌補官方修史制度的缺陷，經世致用思想的影響及統治者撰史政策寬鬆等四點。這部份的論述對明代史學發展有新詮釋與評價，很有貢獻。但是另一部份，討論明代野史的史學價值，則平凡無奇，沒有超越前人的看法。

　　總的來看，明代史學的整體意涵，已漸漸受到學者的注目，而企圖去探討它，並給予闡釋，這是值得關切的現象。

二、個　論

　　有關明代史家及其史學的個別研究，歷來大多集中在明末清初諸遺老，

〔註24〕刊載於《南開學報》，1987 年第二期。

如顧炎武、黃宗羲、王夫之及萬斯同。頂多再加上明代中後期的王世貞、焦竑、李贄、談遷等人，其他鮮少提及。近年才有吳智和氏發表「嘉、崇間的史家及其史學」系列論文〔註25〕爲明代史學研究拓展了視野。吳氏在這一系列論文有一段對於明代史學綜覽的研究介紹，非常有價值。其中對於丘濬、王世貞、李贄、焦竑、談遷、張岱、胡應麟、楊慎等較顯著的人物研究論文都詳加舉列，茲不贅列。〔註26〕

在日文方面，最特殊也是唯一論述明代史家的，是間野潛龍的〈祝允明的史學〉。在內藤前述有關明代史學至中葉的掌故學發展的論點之上，進一步肯定「野史」的意義，並認爲祝允明的史論影響了李贄的史論，爲明代中晚期史學的特色，提出關鍵性的解釋。

第三節　明代野史的分期觀

明代野史數量頗爲浩瀚，爲方便觀察作品的內容和形式之演變，有必要做分期。任何歷史分期都只是爲詮釋方便所做的假設，沒有絕對的標準。到目前爲止，關於明代筆記的分期說法，以日本內藤湖南與近人謝國楨氏兩人的分法最爲典型。〔註27〕

內藤湖南以嘉靖朝爲界，將明代掌故筆記分爲前、後兩個時期。前期的特色是怪誕不實；而後期的特色則是以實錄爲本位，發展出「新掌故學」，並舉王世貞與焦竑爲代表。〔註28〕這種說法未免武斷，有值得商榷的地方，不過從大方向看，倒是說出特點。

謝國楨是將明清筆記分做七個階段，明代的部份有元末明初、洪武到宣德、嘉靖以來、明末清初等四個階段。〔註29〕謝國楨是民國以來，對明清筆記作品用力最深的學者，謝氏的分法有其理由，但其敘述有些嚴重的錯誤必

〔註25〕《明史研究專刊》第八期發表了〈何良俊的史學〉、〈朱國楨的史學〉，連同吳氏在第一次國際漢學會議中宣讀的〈謝肇淛的史學〉共三篇。計劃中尚有顧起元、沈德符等人，我們衷心期待。

〔註26〕吳智和〈何良俊的史學〉，《明史研究專利》，第八期，頁1～9。

〔註27〕另外，姜勝利，〈明代野史述論〉（南開大學學報，1987（二）），將明代野史的發展分爲兩個階段：（一）洪武至正德；（二）嘉靖至明亡。

〔註28〕《內藤湖南全集》，第十一卷，《支那史學史》（日本，筑磨書房，1969年11月），頁270。

〔註29〕謝國楨，《明末清初的學風》（臺北：仲信出版社翻印），頁97。

須指出來：

首先，謝氏將成書年代與所記載內容的年代相混淆，例如：明初的史實，在當時是沒有人敢突破禁忌去撰寫。大多是在英宗朝以後，政治禁忌漸漸鬆弛了，才出現的，如王文祿《龍興慈記》、徐禎卿《翦勝遺聞》、陸深《平胡錄》、童承敘《平漢錄》；另外，記錄永樂以迄洪熙、宣德以來的政治事件的王瓊《雙溪雜記》、宋端儀《立齋閑錄》、《永樂聖政記》等書也都是十六世紀的作品。但是，依照謝氏的敘述，這些都是明初的作品，彷彿明初就是野史筆記很盛的時期，這是一種錯誤。

其次，謝氏說，由洪武到宣德，經過六、七十年來的休生養息，農工事業恢復生產，經濟逐步繁榮，加上宣德帝為人寬恕，長於文學、繪事，對於明代的文學藝術、文化事業的發展起了推動的作用，野史筆記逐漸出現，這是符合歷史事實的。不過謝氏說「記載這時代的書籍，並不很多，也許是時局較為穩定，沒有多大的動盪的關係吧！」這個論斷就值得商榷，應該說，這時候筆記作品仍然未盛行。但比起明初，已經很進步了。謝氏歸在初期的作品都應移到這一時期，在數量就很豐富了。

謝氏所述明代筆記第三期是指嘉靖以後，由於社會繁榮，人才輩出，士人留心當時有明一代的歷史，野史筆記作品叢出，是明代野史筆記最盛的時期。然後，把明末流寇為亂所謂「天崩地解」的時期說是明代野史的後期。這樣分法，也言之成理，只是，謝氏太強調變動的時局才會產生野史筆記的看法，稍嫌僵固，而不能含蓋更多的原因。

從初步史料觀察的了解，依照時代背景〔註30〕以及作品內容特色，筆者暫時將明代的筆記做出大略的分期如下：一、前期：明初到正德（1368～1521）二、中期：嘉靖、隆慶（1522～1572）三、晚期：萬曆至明亡（1533～1644）。茲將各期特色及代表性作品介紹如下：

（一）明初到正德（1368～1521）

王朝初建，首要之務在於重建社會秩序，恢復生產力，而重建社會秩序

〔註30〕有關明代各階段文化發展的一般描述，可參閱陳寶良，《悄悄散去的幕紗——明代文化歷程新說》，陝西，人民教育出版社，1988年12月第一版。以及任道斌，〈明代學術文化發展散論〉，中國文化與中國哲學（深圳大學國學研究所主編），北京：生活、讀書、新知三聯書店，1990年12月第一版。頁278～291。

的先決條件便是鞏固中央政權。因此，明初中央政治控制極嚴，學術文化風格趨於僵固保守，史學首當其衝。官方史學活動正統化、政治化，除了開館纂修《元史》及一些法制規章的修訂頒布外，官方史學極爲沈寂；而私人則懾於政治禁忌，不敢輕易落筆記錄時事，所以野史筆記幾乎沒有，私家史學毫無表現。

永樂時代，帝國基礎穩固，成祖欲藉文治武功展現自身的豐功偉業，在文治方面，是編纂《永樂大典》、《四書五經大全》、《歷代名臣奏議》等。思想控制不比洪武時代更鬆懈，史學方面的表現仍有局限。金幼孜的《北征錄》及《北征後錄》是金氏隨成祖北征的隨軍記事。另外，馬歡《瀛涯勝覽》、費信《星槎勝覽》是二人隨鄭和下西洋的見聞錄，這幾部作品堪稱代表作，但是都具有濃厚的官方色彩，不能算是野史作品。永樂之後，洪熙、宣德兩代都沒有出色的野史學作品。

英宗正統十四年（1449）的土木之役，是明初以來最大的危機，對明朝產生極大的震撼，激起明人的危機意識，也促發一連串的軍政制度革新。經景泰、天順的積極重整，朝政穩定，對蒙古的軍事部署漸鞏固，社會經濟也比國初以來富庶，整個文化環境較開放，私家史學有了發展空間。這個時期的私家史學除了零星的史學作品逐漸出現外，土木之變後，所激起強烈的民族意識，從朱子學出發，而衍生《通鑑綱目》式的正統歷史意識是史學主流之一。丘濬的《大學衍義補》及《世史正綱》是這種史學思考下的產物。

景泰到正德之間出現的史學作品，可分做三類：一、記實作品，就是沿襲永樂時代所出現的《北征錄》、《星槎覽勝》等隨軍或出使的紀聞，如李實的《北使錄》、楊銘的《正統臨戎錄》。二、掌故筆記，如葉盛《水東日記》、姚福《清溪暇筆》。三、傳聞雜錄，如徐禎卿《翦勝野聞》、王文祿《龍興慈記》、沈周《客坐新聞》。這些作品史料價值各異，但是都體現了相當程度的歷史意識，而且在官方資料還未全面開放時，這些作品已是當時很重要的史料。

綜觀這個時期的史學，以掌故筆記及記實作品爲主，仍然沒有較具體例的史書。掌故筆記以蘇州文苑的成員爲主，呈現博雅多聞的學風，記載的內容偏重地方民俗風情及典章制度沿革、人物軼事，較爲多樣化，而較少嚴肅的歷史思考。記實作品則僅是記錄本身見聞，初無作史的企圖，但卻留下極珍貴的見證史料，能補官方記錄之不足。尤其值得注意的是，對明初開國事

蹟傳聞的記錄，稍稍彌補前一時期缺乏紀錄的遺憾。無論如何，這些作品累積了足夠的史料爲嘉靖年間撰作全史奠定基礎。

（二）嘉靖、隆慶（1522～1572）

明初的保守型文化至嘉靖朝已獲得解放與轉型。在思想界，由白沙至陽明，已衝破程朱學的藩籬；文學界則發展出自由適性的風格。除了政治禁忌解除、文化環境轉型外，最重要的事實是商品經濟的持續發展，刻書業興盛，帶動了書刊的流通，私人藏書風氣普遍。這些條件促成嘉靖、隆慶年間，掌故筆記蓬勃發展。另外，明代中期的內憂外患的歷史背景也激起了當代人總結當代史的風潮。

這個時期的掌故筆記篇幅較大，包含的內容較多元，郎瑛《七脩類稿》、何良俊《四友齋叢說》甚至作了分類。此外，比前期掌故筆記進步的是注重考證，減少傳聞記錄。不但掌故筆記的數量與內容有顯著的發展，因爲整個時代流行私家撰史的風潮，而內閣實錄不易取得，很多私家史作便大量採用掌故筆記的資料，於是，明代野史有了新的發展。

（三）萬曆至明亡（1573～1644）

萬曆以降至明亡，除了張居正當權的幾年，朝政有明顯好轉以外，整個明代國力是明顯在走下坡。時局一天比一天更緊張，士大夫們力挽狂瀾之心更迫切，經世致用思想再度抬頭，並明顯反映在歷史意識及史學活動上。

萬曆年間兩項官史的編纂，一項是重修《大明會典》、一項是陳于陛負責主持的《國朝正史》，帶動了修撰國史的風潮。另外，嘉靖至萬曆有兩次重錄各朝實錄的工作，使實錄資料輾轉流入民間。官方史料大量流入民間，最大的貢獻是提供撰史者徵實參考，內藤虎次郎稱這種轉變是「新掌故學」——以實錄爲本位的掌故學，以有別於前期「有野史之風」的掌故學。

這個時期的野史發展值得特別提出的，除了上述的「新掌故學」外，就是野史叢書的大量刊印，以及經世文編的編纂。野史的數量和品質都有成長，民間史學活動非常蓬勃。尤其，邸抄和塘報的發行，歷史的當代性更強烈，已經扮演傳播媒體的部份角色，這股野史風潮一直延續到清初文字獄之前。

以上是對於明代野史學發展做一個概括的敘述，並且提出一個可以理解的分期架構。

第二章　明代前期的野史

第一節　明代初期的史學發展

一、朱子學制約下的官史學

　　明代前期是指自開國至正德朝結束（即 1368 年至 1521 年），又以土木之役（1449）爲分界點，再分爲兩個段落，前半段是開國之初，政治控制嚴峻，文化空氣肅殺，學術空間狹窄。土木之役以後，一方面是因盛世不再而有危機（憂患）意識；一方面是政治忌諱漸開，學術空間較爲寬闊。

　　貧困的社會是無法醞釀思想文化的，明初亦不例外。明初社會經元末群雄爭戰後，各地經濟凋敝，社會生產力低落，就連江南富庶之區亦遭兵災戰禍而糜爛不堪。朱元璋平定群雄後，首要之務便是恢復生產力，穩定社會經濟。到仁宣之時，社會經濟逐漸復甦，才能談文化發展。其次，在政治方面，開國之初，一切以建立高度中央集權的體制，鞏固帝國政權爲前提，所有的政治、經濟、社會、文化措施都是朝向統一的目標，思想文化只是做爲他們控制社會的工具，一切文化作爲都是政治性的，積極方面，是統一思想，如太祖編纂《逆臣錄》、《昭示姦黨錄》等鑑戒史錄，成祖則詔修《性理大全》、《四書大全》、《五經大全》等書；消極方面，則是清除異己思想，如明太祖大興文字獄，〔註 1〕使朝野不敢議論時事。

〔註 1〕　參閱陳學霖，《明太祖文字獄案考疑》，《第一屆國際漢學會議論文集》。

　　明代前期的文化環境中，朱子學在學術思想界居於主要的地位。〔註2〕史學發展也不例外地受朱學影響，反映鮮明的朱學特色。朱學在元仁宗皇慶二年（1313）定科舉條制時，被立爲官學，懸爲功令，作爲科場試士的經典依據。及至明成祖永樂十三年（1415），詔修《性理大全》、《四書大全》、《五經大全》並付諸頒行，正式將朱學確立作爲官學。

　　朱學在元、明兩代被立爲官學，主要的原因當然是因爲它在安邦治國方面具有實際效果，能滿足統治者需要。既然立爲官學，則一切學術，包括史學，當然都必須以朱學價值做爲最高指導原則。〔註3〕因此，明初官方具體的史學活動除了修前元正史來確證本朝的正統合法性外，就是令臣子們編纂歷史事例做爲朱學教化的教材，呼應官方思想，史學幾乎以闡述朱學理論爲主軸進行撰作，完全爲義理服務，明初史學環境之局限與僵化是可以理解的，以下先論述朱子學制約下的明初官史學。

　　一般史學史論述，談到明代史學的成就，都會談到永樂時期的大型編纂文化工程，如《四書大全》、《五經大全》、《性理大全》、《歷代名臣奏議》和著名的《永樂太典》，認爲進行這種彙編工程是承繼元代和更早期的傳統。〔註4〕其實，眞正算是官史學要從纂修《元史》說起。

　　撰修前朝史一直是各朝代開國之初的首要工作，一方面可以藉修史之名收編前朝知識份子，爲政府博得「右文」的美名；一方面藉著前朝史的撰修權來確立本朝的正統性，是一舉兩得的政治措施。因此，和其他朝代的開國君主一樣，朱元璋在開國後不久，即依照傳統，倉促開館修《元史》。據《明太祖實錄》云：

> 洪武二年二月丙辰朔，詔修元史。……乃詔中書左丞相宣國公李善長爲監修，前起居注宋濂、漳州府通判王禕爲總裁。徵山林遺逸之士汪克寬、胡翰、宋禧、陶凱、陳基、趙壎、曾魯、高啓、趙汸、張文海、徐尊生、黃箎、傅恕、王錡、傅著、謝徽十六人同爲纂修。開局於天界寺，取元《經世大典》諸書，以資參考。〔註5〕

自洪武二年（1369）二月開局修《元史》，同年八月即完成，前後費時僅七月，

〔註2〕盧鐘鋒，〈明代前期的朱學統治與學術史研究的朱學特色〉，《史學史研究》。

〔註3〕同註2。

〔註4〕內藤虎次郎，《內藤湖南全集》，第十一卷，《支那史學史》（日本，筑磨書房，1969年11月）頁267。

〔註5〕《明太祖實錄》，卷三十九，頁1。

據《明太祖實錄》云：

> 《元史》成，中書左丞相宣國公李善長等奉表進，表曰：……上自太祖，下至寧宗，據十三朝實錄之文，成百餘卷粗完之史。若自元統以後，則其載籍靡存，已遣使而旁求，俟續編而上送，……所撰《元史》，本紀三十七卷，志五十三卷，表六卷，傳六十三卷，通一百五十九卷。〔註6〕

因元末史官失職，順帝一朝，史料未備，所以僅撰爲太祖以至寧宗十一朝之史事，於是有第二次修纂，乃命儒士歐陽佑等人，前往北平採其遺事，明年（1370）二月，詔重開史局：

> 乙丑詔續脩元史。時儒士歐陽佑等採摭故元元統以後事實還朝，仍命翰林學士宋濂、待制王禕爲總裁，儒士趙壎、朱右、貝瓊、朱士廉、王彝、張孟謙、高遜志、李懋、李汶、張宣、張簡、杜寅、殷弼、俞同十四人同纂修。〔註7〕

至秋七月丁亥朔書成：

> 續脩元史成，計五十有三卷，紀十，志五，表二，列傳三十六。凡前書未備者，悉補完之。通二百一十二卷。〔註8〕

第二次開局，也只費時五整月。前後兩次開史局修纂時間不及一年，如此倉促草率，其成果之粗略是必然的，無怪乎「書始頒行，紛紛然已多竊議。迨後來遞相考證，紕漏彌彰」，〔註9〕後人多病之。〔註10〕

　　前朝史可以修，本朝史則是禁忌。明初對於本朝史的建立工作做得最差。明初雖曾設有記注官，但旋即革廢，其後雖也幾度恢復，但是革於政治禁忌，史官多不能據實以書，人主言行與朝廷政事失去直接的記錄可供後人述史依據。明初有關本朝史的作品大多是跟隨太祖、永樂創業、從政的人，將自己親身經歷或是耳聞目睹的事情記錄下來，官方政治活動就是他們「歷史」內容的全部。洪武時期所撰較具代表性的，有詹同、宋濂等明初名臣所撰的《大

〔註6〕《明太祖實錄》，卷四十四，頁4～5。

〔註7〕《明太祖實錄》，卷四十九，頁3。

〔註8〕《明太祖實錄》，卷五十四，頁1。

〔註9〕《四庫提要》，頁1014。

〔註10〕錢大昕對元史的批判最典型，參閱錢氏所撰《十駕齋養新錄》，卷九，〈元史〉條，云：「古今史成之速，未有如《元史》者，而文之陋劣，亦無如《元史》者。蓋史爲傳信之書，時日促迫，則考訂必不審。有草創而無討論，雖班馬難以見長，況宋王詞華之士，微辭諸子，皆起自草澤，迂腐而不諳掌故者乎。」

明日曆》一百卷，詳細記錄太祖起兵渡江以來至洪武六年（1352～1373）的征伐戎績、禮樂沿革、行政設施、群臣功過、四夷朝貢等史事。自洪武六年（1373）九月迄七年（1374）五月，費時九個月書成。書成後，詹、宋將它呈上朝廷，藏之金匱，留其副於秘書監。〔註11〕

劉辰曾奉朱元璋之命到方國珍處，又入李文忠幕府。永樂初，李景隆薦修《太祖實錄》。所著《國初事蹟》，「頗似案牘之詞，蓋即修實錄時，所進事略草本也。……而其文質直，無所隱諱，明代史乘多採用之」，〔註12〕堪稱佳作。

明代初期沿續教化史學的系統，選取有教化意味的歷史故事做各界的教材，政治意味比歷史味更濃，當時纂輯的有《逆臣錄》、《省躬錄》、《御製紀非錄》、《昭示姦黨錄》等書，內容雖然都是歷史事實，但是其撰作的目的都是做為鑑戒或教化臣民之用。永樂朝亦有類似的著作，最著名的就是《歷代名臣奏議》三百五十卷，據《四庫提要》稱本書是「明永樂十四年黃淮、楊士奇等奉敕編。自商周以迄宋元，分六十四門。……然自漢以後，收羅大備，凡歷代典制沿革之由、政治得失之故，實可與《通鑑》、三通互相考證。……雖義例蕪雜，而採摭賅備，固亦古今奏議之淵海也。」〔註13〕

宣宗繼承仁宗的卹民政策，也寬宥刑獄，強化吏治，懲辦貪官、整肅綱紀，希望建立起明君的形象，表現殷切永治的誠意。另一方面，著手編製史書，頒賜群臣，道出君臣共治天下之法則，對群臣進行意識形態的教育，指示群臣效忠國家之條件，《歷代臣鑑》便是這種政策下的產物。〔註14〕

《歷代臣鑑》全書列出自春秋戰國至元朝二千年間大臣處世的操守，歸納為類，一類為「善可為法」，一類「惡可為戒」。宣宗並親自作序，提出他對「治」的觀念，是善惡為準則，充份表現宣宗的政治史觀，尤其是對史家范曄的否定，最為明顯。因為范曄在《後漢書》所附之〈獄中與諸甥姪書〉中強調「恥作文士」，痛恨在他的時代，「史家」受到種種的限制，寫史不但要合乎時代的要求，更要滿足統治者的慾望，歌功頌德，使歷史真相不能披露。這種心態被宣宗視為不忠，當然要加以批判。

〔註11〕〔清〕黃虞稷，《千頃堂書目》（臺北：廣文書局，1981年10月再版）頁285。
〔註12〕《四庫提要》，頁1161。
〔註13〕《四庫提要》，頁1225。
〔註14〕參閱趙令揚，〈論明代之史學〉。

　　明初朱子學制約史學的發展，其表現有如上述，而土木之役後，明朝開國盛世在一夕之間變色，幸經于謙等名臣力挽狂瀾，才穩住大明江山。朝臣因此普遍具有憂患意識，尤其對於北邊蒙古人不再有明初「去則去矣，勿窮追」的自信，相反地，激起強烈的危機意識與嚴夷夏之防的民族意識。這種憂患意識表現在史學作品上最明顯的如丘濬的《世史正綱》。其史學思想受到明初朱學意識影響，表現出來的特色是：道德意識極強，華夷之辨明確。

　　丘濬博學該洽，有異於北方之學，其風格開成化以後蘇州學派之先河。據王鏊《震澤紀聞》稱，丘濬「其學甚博，而尤熟於國朝典故，議論高奇，人所共賢，必矯以為非，人所共非，必矯以為是，能以辨博濟其說。」〔註 15〕

　　《世史正綱》，32 卷。是本明方孝孺釋統之意，專明正統，起秦始皇二十六年，訖明洪武元年，以著世變事始之所由，於各條之下，隨事附論。胡應麟《史學占畢》稱「春秋之後有朱氏，而綱目之後有丘氏。」〔註 16〕最能說明本書之性質。本書明顯表現極強烈的夷夏之防的民族正統論，非常符合官學意識形態，是私家而依附官方意識的史學作品。值得一提的是丘濬在本書卷首序中提出學者之書須「顯而直……所以曉當世之學生小子也」，〔註 17〕已有史學普及化的想法。

　　丘濬的史學，〔註 18〕較諸明初只限於臣民教化之用的歷史，要進步許多。但是，究其實，頂多是南宋朱子史學的延續，史學只是經學的附庸，呈現經學價值的工具而已。

二、明代初期的記實史學

　　明代初期的史學發展因為受到朱學官方意識的阻礙，私家野史的空間有限，直到土木之役後，政治禁忌逐漸鬆弛，文字獄的陰影也淡了，對於本朝的史實才逐漸有人收集、記錄，最明顯的現象是建文史實的收集刊布，以及土木之役後的記實作品。私家著述蔚然興起，記實史學於焉復甦。

a. 建文史實重建

〔註 15〕 王鏊，《震澤紀聞》，《歷代小史》卷八十四，頁 17。

〔註 16〕 〔明〕胡應麟，《少室山房筆叢》，臺北：世界書局，1980 年 5 月再版。《史學占畢》一，頁 179。

〔註 17〕 《世史正綱》卷首，序。

〔註 18〕 參閱李焯然，《明史散論》，臺北：允晨出版實業股份有限公司，1988 年 4 月初版。

成祖奪位成功後，爲鞏固自身合法性，不惜曲改《太祖實錄》，而且毀滅建文朝史料，將明初史實懸爲禁忌，且禁錮極嚴。直到英宗以後，建文史實才稍稍疏解，文徵明云：「自睿皇（英宗）以還，國禁漸弛，乃今遂不復諱。」〔註19〕其實建文史事之廢闕，「文皇（成祖）晚歲，稍稍悔悟，蓋嘗形諸言矣，而當時無有將順之者。遂使一時之事，泯沒不傳，則靖難諸臣，不能無責焉。」〔註20〕可見建文史實的泯沒不傳，靖難諸臣的罪責要比成祖深重，完全以政治利益著眼而泯滅歷史事實。直到英宗之後，才漸漸有人翻案。

記錄建文死事諸臣事蹟的《備遺錄》「昉於宋公端儀，而成於張公芹，郴陽何公孟春實嗣葺之。今太倉守馮君意有未，又爲益而并刻之。」〔註21〕

本時期重要的建文史實作品有：宋端儀《立齋閒錄》、張芹《備遺錄》、林塾《拾遺書》、郁袞《革朝遺忠錄》、黃佐《革除遺史》等。〔註22〕其它同

〔註19〕 文徵明，《文徵明集》，上海古籍出版社，1987年10月第一版。卷第十七，〈備遺錄敘〉，頁475。

〔註20〕 同上註。

〔註21〕 同上註。

〔註22〕 宋端儀（1447～1501），據《明史》本傳（卷一六一，頁4394）云，宋氏「字孔時，莆田人。成化十七年（1481）進士。官禮部主事。……初在國學，爲祭酒丘濬所知。及濬柄政，未嘗一造其門。廣東提學缺，部以端儀名上，濬竟沮之。濬卒，始以按察僉事督廣東學校。卒官。端儀慨建文朝忠臣湮沒，乃搜輯遺事，爲《革除錄》。建文忠臣之有錄，自端儀始也。」

張芹，據明史本傳（卷二〇八，頁5485）云：「字文林，峽江人。弘治十五年（1502）進士。授福州推官。正德中，召爲南京御史。……嘉靖初，遷浙江海道副使。歷右參政、右布政使。坐爲海道時倭人爭貢誤傷居民，罷歸。……芹事繼母孝，持身儉素，枲袍糲食終其身。」

據《四庫提要》（頁1345）考證云：《備遺錄》「紀建文殉節諸臣姓名，前有自序，題正德丙子（十一年，1516）五月，目列四十六人，卷中有事實者二十人，無事實者二十六人。案林塾《拾遺書》云：近見南院御史張芹，增入江右數人，共五十四人，塾所見題正德乙亥（十年，1515）正此錄前一年。而此錄乃轉止於四十六人。又《學海類編》，有張芹《建文忠節錄》，一卷，其序與此同，亦正德丙子所撰，而目次乃與此不同，且有七十人之多。《明藝文志》，既有張芹《建文備遺錄》，二卷，又有張芹《備遺錄》一卷，考芹序稱，錄中四十六人名氏，皆閩中宋君端儀嘗採輯爲錄而未成者，疑芹初據宋氏原本而作，後又隨時續有增益，原非一本。傳錄者，各據所見，遂兩存之耳。

又據《四庫提要》（頁1346）云：「林塾，莆田人，弘治壬戌（十三年，1502）進士（與張芹同年）官至浙江布政司參議。此書（《拾遺書》）載建文諸臣事蹟，文甚簡略，前有正德乙亥（十年，1515）自識云：考前史失記者，凡五十四，故以拾遺名其書，然所載與諸書略同，其齊泰以下三十人，事實俱闕，亦未能考補也。」

類史作陸續在以後各時期出現，詳目請見參考書目所列。

b. 記實史學興起

這裡所謂的記實史學，是指將自己親身經歷的政治、外交、戰役事件始末記錄下來的史學作品，相當於今天所謂的新聞報導或見證史學。這些作品本身不具備嚴格的史學體例，但是表現了明代人有聞必錄的歷史意識，內容是目擊記錄，是後來人撰作史書必須憑據的第一手史料。

成祖時代承接洪武朝所奠定的帝國基礎，永樂皇帝得以大展鴻圖，藉文治武功表現自己的雄才大略。在武功上，有鄭和下西洋及五次親征漠北；在文治上，則是編纂《永樂大典》，保存了豐富的古籍，有其史料上的貢獻。〔註23〕在撰史方面值得一提的是記實作品的開創。明代首開記實史學先河的要算是永樂朝的金幼孜，他奉命隨永樂帝北征，記錄行軍史實。《明史》本傳稱，幼孜在永樂中，參預機務，「帝重幼孜文學，所過山川要害，輒命記之」〔註24〕所以嚴格說，金幼孜所撰作隨軍記實是一種敕撰書，類似起居注。

金幼孜曾于永樂八年（1410）和十二年（1414）先後兩次隨成祖北征，在行軍途中，逐日據馬鞍撰成《北征錄》及《北征後錄》二書，各一卷。其中記錄了成祖關於北征的言行與行軍路程、作戰狀況、氣候、見聞等等。爲研究明初與蒙元殘部鬥爭以及經營北邊提供了重要資料。《北征錄》記永樂八年二月至七月，《北征後錄》自永樂十二年三月至八月，並按日記載。

此外，永樂年間，因鄭和下西洋的創舉，而意外留下兩部珍貴的記實作品──費信的《星槎勝覽》及馬歡的《瀛涯勝覽》。

《瀛涯勝覽》的作者馬歡，字宗道，浙江會稽（今紹興縣）人。尊奉伊斯蘭教。永樂時，隨鄭和三次出使西洋，並任翻譯。回國後，將所到過的地

又據《四庫提要》（頁1347）云：「郁袞，嘉興人。是書（《革朝遺忠錄》）撰述年月無可考，黃佐《革除遺事》已稱因郁袞原本，則當在正德以前矣。所列一百六十傳，皆明惠帝時死難諸臣，而附錄一卷，則降燕諸臣，如胡廣、黃福之類。後至大官者亦在焉。每傳後或附以贊語，又間有所附注，然其精要已皆採入《革除遺事》中矣。」

〔註23〕據《太宗實錄》，卷二十一，頁9。載：「凡書契以來，經史子集百家之書，至於天文、地志、陰陽、醫卜、僧道、技藝之言，備輯爲一書，毋厭浩繁。」又，參考今人張忱石著《永樂大典史話》，北京：中華書局，1986年3月第一版。郭伯恭，《永樂大典考》，臺北：臺灣商務印書館，1972年10月臺二版。

〔註24〕《明史》，卷一四七，頁4126。

方所見聞用漢語寫成《瀛涯勝覽》一書。書中記錄了十五世紀初,鄭和遠航西洋各國的風俗民情,兼及經濟文化。《星槎勝覽》一書的作者費信,字公曉,蘇州崑山人。十四歲時,代兄從軍。永樂、宣德年間,隨鄭和四次出使西洋。回國後,將所見聞,逐國分敘,編成《星槎勝覽》一書,共四卷,對馬歡的記述有所補充,是同樣珍貴的記述。

這兩部著作成了後人研究鄭和下西洋實況,常引用參考的史料。也開啓了日後出使異國,記實著作的先河。無形中,累積了當日世界史的資料,也開展中國人的世界眼光,其價值有如《馬哥孛羅遊記》之於西方。

土木之役以後相繼刊布的記實史學併入下一章論述。

第二節　蘇州文苑的歷史意識

一、蘇州文苑的形成及其文化意識

中國幅員遼闊,不同地域的發展與文化風格有極大的差異,尤其自八世紀中葉以後,中國政治、經濟、文化重心漸漸南移。南北地位消長,有極大的變動,錢穆在《國史大綱》裡有專章討論這項中國歷史發展的重大課題。〔註25〕

自南宋定都臨安(今浙江杭州)以後,江南一帶成為一個文化核心區域。其包含的地區,大致上是長江下游南岸,從太湖四周往南到江西、浙江一帶,再加上浙東到福建沿海的一窄條地帶。〔註26〕蘇州地區(崑山、松江、華

〔註25〕錢穆,《國史大綱》(臺北:臺灣商務印書館,1985年12月修訂十二版)第三十八章～第四十章,〈南北經濟文化之轉移(自唐至明的社會)〉,頁532,開頭概述云:「唐中葉以前,中國經濟文化之支撐點,偏倚在北方(黃河流域)。唐中葉以後,中國經濟文化之支撐點在南方。(長江流域)這一個大轉變,以安史之亂為大轉捩。」

〔註26〕參閱劉子健,〈略論南宋的重要性〉(收入《兩宋史研究彙編》,臺北:聯經出版事業公司,1987年11月出版,頁80)。江南文化核心區自南宋一直到清代都是如此,只是地位有所轉移。梁啓超特地將這地區再分為數區:「大江下游南北岸及夾浙水之東西,實近代人文之淵藪。……然其學風所衍,又自有分野,大抵自江以南之蘇常松太,自浙以西之杭嘉湖為一區,江寧淮楊為一區域,皖南徽寧廣池為一區域,皖北安廬為一區域,浙東寧紹溫台為一區域。此數域者,東南精華所攸聚也。」參閱梁啓超,《飲冰室文集》(臺北:臺灣中華書局,1970年10月臺二版),之四十一,〈近代學風的地理的分布〉,頁60～61。

亭、海鹽）是此一核心區域的核心。因爲蘇州一帶自宋代以來，一直是經濟
特區，蘇州是絲織業中心，松江、崑山是紡織業中心。據《四友齋叢說》記
述，明代嘉、隆時代（正德以後四、五十年來）百姓「昔日逐末之人尚少，
今去農而改業爲工商者，三倍於前矣。……大抵以十分百姓言之，已六七分
去農」〔註 27〕經濟繁榮提供文化發展有利的條件，使蘇州地區的文化發展
成獨特的風格，而且長期成爲近代中國人文的淵藪。〔註 28〕明朝定都南京，
仍然在這個富庶精華區，使宋代以來所形成的文化優勢繼續維持。

　　元朝對於思想文化的統治較爲疏略，科舉考試也長期廢置不行，使不同
地域文化交流失去了一條重要的紐帶。更甚者，在政治上實行民族歧視政策，
排擠打擊漢人，特別是南方的知識份子。使得大量南方的知識份子大都選擇
了隱居不仕的生活。有的專心致志講習兩宋以來的程朱理學，有的從事詩文、
散曲和戲曲的創作以自娛。於是，有元一代，特別是元代末年，南方名家輩
出，詩人蝟興。原本隨宋室南渡，文化中心已經南移。經過元代的發展，將
南北文北的差距拉得更大，南北學風的分化，自元末已明顯確立。〔註29〕

　　蘇州文苑學風的形成，除了南宋以來文化重心南移的地理優勢以外，在
明代的發展也有特殊的路徑。同在江南文化核心區，蘇州等江南五府的學風
與浙東又有區別，有其政治、經濟上的背景。

　　在政治上，蘇松地區在元末群雄並起時，係屬張士誠地盤，比浙東稍晚
歸順朱元璋，因此，一旦朱明立國，以江浙士人爲主的從龍之士，自成一政
治勢力，主導文化。蘇州人士在朝整的地位自然不如浙東人士，發言權、決
策權都略遜一疇。一直要到天順以後，蘇州文苑漸次形成，蘇州進士掌握政
治多數，才漸漸扭轉趨勢。因此蘇松地區獨特的文化是稍晚才形成的。〔註30〕

〔註 27〕何良俊，《四友齋叢說》（《筆記小說大觀》十五編，第七冊，臺北：新興書局），
　　　　卷之十三，頁 112。
〔註 28〕潘光旦，〈近代蘇州的人才〉，《社會科學》，頁 49～98。
〔註 29〕參閱廖可斌，《復古派與明代文學思潮》（臺北：文津出版社，1994 年 2 月初
　　　　版），第二章，對於元末文學中心的南移情形有詳細的敘述。
〔註 30〕明代初年，蘇州文人集團是遭受朱元璋壓抑的。因爲朱元璋集團的主要軍政
　　　　領袖，都是淮西一帶的下層貧民。這個集團的人對於貴族地主階級豪奢的生
　　　　活有一種先天的痛恨。蘇州一帶當時富甲天下，吳中世族向以生活奢華著稱。
　　　　而且，蘇州地區是張士誠的地盤，是最後順服朱元璋的勢力。因此，在明朝
　　　　開國後，對士大夫的殘酷打擊，蘇州文人無疑要首當其衝。有關明初對蘇州
　　　　文人集團的壓抑情形可參閱廖可斌，《復古派與明代文學思潮》，頁 60。又，
　　　　蘇州文人的政治地位在洪武朝之後逐漸有轉變，參閱阪倉篤秀〈建文帝の政

在經濟上，蘇松地區的重賦問題一直為史家所注目，其所反映的事實是，蘇松地區的經濟為明代全國之冠，儘管朱元璋與張士誠的宿怨是原因之一，但是，也要這個地區的經濟實力承受得起才成立。蘇州地區的經濟實力較浙東強，加上中央政府建立在蘇松地區，得雙重地利、人和之便。政經勢力的發展超越浙東是很自然的，而這種超越也須等到天順以後逐漸明顯化。

明朝在土木之變後，經憲宗、孝宗兩朝重，國力復甦。外患方面，蒙古之患因余子俊修延綏長城（邊牆）而獲初步控制。〔註 31〕內政大致穩定，社會經濟漸漸復甦。尤其江南地區，未受兵災，經濟富庶，足以支持文化活動，人才輩出，加上文壇領袖提振，自然形成所謂「蘇州文苑」，而且發展出共同的學風。

明成祖北遷以後，隨著政治勢力北移，北方學術自樹一格，與南方蘇州文化有別：北學以北京師為中心；而南學以蘇州為中心。北學以政治勢力結合各地菁英，形成以政治為主的文風；南學則以地域條件結合士大夫，形成自主學風，偶而也有在北京依附蘇州文人領袖，而加入南學的。基本上，北學以政治為支撐點，南學則以地域為基礎。南學、北學壁壘分明，針鋒相對。一般而言，北學拘謹單調而守道統，接近官學；南學則崇尚博洽、自由活潑，較不受官學束縛，丘濬就曾與劉健互相批評對方的學風：

> 一日，劉對客論丘曰：「渠所學，如一倉錢幣，縱橫充滿，而不得貫以一繩。」譏其學無大綱也。丘公聞之，語人曰：我固然矣，劉公則有繩一條，而無錢可貫，獨奈何哉。」士林傳以為雅謔。〔註32〕

所謂「蘇州文苑」即是蘇州文人的集團，於明成化至嘉靖百餘年間發展而成一深具地域特色而且與北方學派有別的文風。〔註33〕「蘇州文苑」，主要以吳寬、王鏊為領袖。其它具有代表性的文人還有沈周、唐寅、祝允明、文徵明、顧璘、徐禎卿諸家，另外如都穆、袁褧兄弟、黃省曾兄弟、皇甫兄弟、何良

策〉一文（「人文論究」，27-3、4，1987）又，參閱檀上寬，〈明王朝成立の軌跡——洪武朝の疑獄事件と京師問題〉（東洋史研究，三七卷第三號，昭和 53（1979），12）。另外，參閱陳綸緒，〈記明天順成化間大臣南北之爭〉，（《中國學誌》第一卷第一號）也可以了解明代南北之別。

〔註31〕參閱廖瑞銘，《余子俊研究》，中國文化大學史學研究所碩士論文，1985 年 6 月。

〔註32〕陸楫，《蒹葭堂雜著摘抄》（《紀錄彙編》卷之二百四），頁 4。

〔註33〕參閱簡錦松，《明代文學批評研究》（臺北：學生書局，1989 年 2 月初版），頁 85，第三章〈蘇州文苑〉。

俊等，都屬蘇州文人集團。蘇州文苑的成員，以蘇州本地人及在南京任職的外地人，如黃佐與文徵明有交游，黃佐之學亦可併入蘇州文苑來談。

　　明代蘇州文人的社會關係網絡大致有：政治關係、師生關係、姻親關係、經濟關係、文學派系、地緣關係等。蘇州文人之間錯綜複雜的關係，從他們爲對方著作所寫的序跋、書信、墓誌銘，……等資料可以掌握大量訊息。他們其中有屢試皆優而獲高官厚祿的，如王鏊。也有終身處士，隱遯江湖的，如沈周。不論在朝或在野，他們之間都能互相尊重、互相提攜，經常一起遊覽、切磋琢磨、談文論藝，沒有隔閡，蘇州文苑的後輩何良俊云：

　　蘇州士風，大率前輩汲引後進，而後輩亦皆推重先達，有一善，則褒崇贊述無不備至，故其文獻足徵。〔註34〕

文徵明是蘇州文苑的領袖之一，而提攜後進則不遺餘力。吳寬亦是文壇領袖，對蘇州的在野文人關心備至，何良俊有如此描述：

　　吳匏庵爲吏部侍郎時，蘇州有一太守到京朝覲，往見匏庵，匏庵首問太守曰：「沈石田先生近來何如？」此太守元不知蘇州有個沈石田，茫無所對。匏庵大不悅曰：「太守一郡之主，郡中有賢者尚不能知，餘何足問。」〔註35〕

蘇州文苑除了領袖人物吳寬、王鏊爲朝中大臣外，大多是在野文人，沒有朝臣經世濟民的政治包袱，較爲放蕩不羈，開放而多元，學風傾向博洽而尚趣。他們以鄉土爲傲，特別具有本土意識；表現在作品上就是掌故趣聞的記錄和保存，以及地方文獻的整理和編纂。掌故筆記、地方志是蘇州文苑的史學意識的產物。歷史對他們而言，不是經學價值的顯影液，而是博學多聞的表徵，舞文弄墨的憑據及家鄉集團意識的寄託。

　　中國傳統文人主要的經濟來源是當官的俸祿，既然受僱於朝廷，就難免受官方意識的約束，尤其南宋以來至明初都是朱學天下，明初的保守文化氣息是官方意識籠罩的結果。蘇州文人則因爲地方社會經濟繁榮的支持，得以稍稍擺脫官方意識的支配，而獨自發展出地域性非常濃厚的文化風格，幾乎可稱爲明代文化核心區核。蘇州文苑的成員有在朝者，有在野者。在朝者掌握政治優勢帶領文壇，而在野者透過集團關係獲得在朝者的奧援。得以盡情

〔註34〕何良俊，《四友齋叢說》（筆記小說大觀十五編，第七冊，臺北：新興書局）卷十六，頁134。
〔註35〕何良俊，《四友齋叢說》，卷十，頁86。

揮灑才情，是傳統中國文化發展具有突破性的事實。〔註36〕

蘇州文人所表現的文化是明代文化上的典範，各地區的文化沒有像蘇州地區這麼具有特色。蘇州文苑的文化意識是從其學風延伸的。學風是文人學者志趣相投，自然激盪、凝聚而成的，也有受政治力驅使而成。開國時的學風通常屬於後者，而前者則是太平盛世的產物。

江南五府，尤其是張士誠佔領區的蘇杭一帶，士大夫未能獲得政治上的肯定，加上經濟較為富庶，發展出較多元化、活潑的蘇州型文化。其表現是多方面的，如文學、書畫、戲曲、飲茶、旅遊……，而這些活動都在文人相互酬酢中詩文留下記錄，另外，蘇州文人也好事地用隨筆、札記的方式記載下他們的文化活動和成績。如祝允明《猥談》、徐渭《南詞敘錄》、何良俊《四友齋叢說》、顧起元《客座贅語》。

蘇州文苑的特色之一是每個人都不只專一藝，而是兼通多種門類的學問藝術，包括文學家、詩人、書法家、畫家、史學家、文藝評論家、鑑賞、收藏家等等，還有戲曲家，是多元而廣泛。

二、蘇州文苑的史學意識

在明代中期的史學發展中，較值得注意的是成弘以後，開始盛行的掌故筆記，以蘇州文苑的成員為中心所形成的掌故史學意識最具典型。

蘇州文苑有其獨特的學風，文學有其特質，史學亦如之。蘇州學派比北方學派重廣博，重人物掌故，地方文獻；北方學派則較保守，更接近官方意識。表現的方式，當然以筆記較為便利，所以筆記之作，蔚為風氣。大致上，經世致用及朱學（官方意識）的色彩較淡，於是表現在史學上，是體例較不嚴謹、內容多元化的筆記體，如祝允明《野記》、王鏊《震澤長語》、葉盛《水東日記》等。雖不特意撰述史書，卻對於明初開國的史實傳聞，就近採錄。當然，這些作品也都在成化以後才漸漸開放，蘇州學風也是成化以後才逐漸形成。

掌故筆記的產生有其時空條件，明初政治禁忌嚴苛，經濟條件不夠，當然還未盛行。到成化以後，政治、社會條件都逐漸成熟，蘇州文苑應運而成，促成唐宋以來掌故史學的復甦。

〔註36〕參閱宮崎市定，〈明代蘇松地方の士大夫と民眾——明代史素描の試み——〉。

　　蘇州文苑的學風，崇尚博學多聞，歷史知識對蘇州文人而言，是文章博趣的素材，而不是經世濟民的治國經驗。因此，蘇州文人喜好蒐集並記錄一些掌故舊聞、名人軼事。掌故筆記的寫作方式是蘇州文人的最愛，體例不拘，所載事實也未經證實。就嚴格史學標準而言，或許失之荒誕草率，但是，廣泛的記載當時史實，無形的保存了當時第一手的記錄。同時也眞實反映了當時的史學觀點。日人間野潛龍就曾爲文闡述「祝允明的史學」。〔註37〕

　　蘇州文人的史學意識也表現在對地方文獻意識的重視，方志的修定，就是一動人的例子。成化七年（1471）陸容「以南京吏部主事，丁外艱，歸太倉，讀禮之餘，漫取郡志中，事有關太州的地方文獻意識有生動的描述。〔註38〕松江何良俊就很欽羨蘇州文人的地方意識：

> 蘇州士風……有一善，則褒崇贊述，無不備至，故其文獻足徵。吾
> 松則絕無此風，前賢美事皆湮沒不傳，余蓋傷之焉。今據某聞見所
> 及，聊記數事，恨不能詳備也。〔註39〕

至於私修方志應屬野史的範疇，有待後日專題研討。

第三節　蘇州文苑的野史

一、蘇州文苑掌故筆記作者分析

　　蘇州文苑的成員有兩大類，一類是入仕者，如王鏊、吳寬；一類是在野者（屢試不中或拒絕功名者），如沈周、王文祿。入仕者大多受翰林院洗禮，或實際參與實錄、官史的修纂，不但接觸過大內檔案、典籍，也具備良好的史學素養。一旦解職返鄉，便很自然地整理平日雜記或追記宦途見聞，爲當代留下歷史見證。

　　景泰至正德（1450～1521）間的掌故筆記作者，就其本籍而言，以蘇州文苑爲主，其餘如黃瑜、黃佐等人則是與蘇州文苑成員交遊甚密者。就官職而言，大致上有兩類：1. 翰林院士，因有機會接觸內閣典藏，和自己的官場見聞加起

〔註37〕 參閱間野潛龍，〈祝允明的史學〉一文，《史林》，五十一卷一號，1968 年 1 月。

〔註38〕 陸容，〈太倉志引〉，《式齋先生文集》（明弘治十四年崑山陸氏家刊本）卷十六，頁 17～18。

〔註39〕 同註 34。

來，就是掌故筆記主要內容。如：王鏊、吳寬。2. 宦途不順者如：祝允明、徐
禎卿、陸粲、何良俊。另外，藏書家、博學家：袁褧、陸容、葉盛。

在野者，只能從與入仕者交遊中聽聞些官場軼事見聞，從而筆記之。因
此，以鄉野傳奇見聞為主。在野者不受朝廷約束，在自己鄉里又有文名，自
然狂妄不羈。情緒上對官學（朱學）意識反動，是王學的先導，也不受傳統
道德意識及民族意識驅策，而自成一格。因此，所撰作的筆記也就呈現鄉土
質樸、返璞歸真的一面，反較為接近歷史真實。所以，蘇州文苑的掌故筆記
可大分為兩類，一類是偏重朝中掌故典章的筆記作品；一類是祝允明、王文
祿、沈周、徐禎卿之流在野文人的見聞筆記。偏重民間傳聞，即使提及少數
朝中掌故，亦必間接得自文苑中在朝著，風格截然不同。〔註40〕

蘇州文苑野史筆記的作者很多，其中最具代表者必須先提到祝允明。他
是陳獻章、王陽明思想活躍激成的新風潮後，出現的一位打破傳統固定概念
的人物。一般稱是明代書家的代表，在此，把他當成歷史家來評價。

祝允明認識到文獻資料未必總是提供真實的信息，而各種故事傳聞也可
能包含一些真實性。他的野史著作，把有價值的信息與無法證實的傳說結合
在一起，各有特色。《蘇材小纂》六卷，是弘治十二（1499）年刊行的蘇州傑
出人物的傳記集，採取墓志、履歷和其他文獻資料，被看成是可信的著作而
受到賞識。《蘇材小纂》著作時間太約在弘治初，聲名漸燥，而且在中鄉試舉
人之前不久，那時立志功名，言論還不過激。《九朝野記》則內容瑕瑜互見，
卻未嘗不是明初歷史難得的參考記錄。為正德六年八月著，可以說是允明後
半生的代表著作。

另外，祝允明活躍時代在正德、嘉靖間，文網漸寬，文人政策已大大開
放，不滿死守傳統的主張。故在《罪知錄》一反明初以來鑑戒史錄的道德標

〔註40〕 葛兆光，〈明清之間中國史學思潮的變遷〉，（北京大學學報（哲學社會科學
版），1985，第二期）。說，「元、明史學非但未能突破宋人的水平，反而連這
個現成的榜樣也沒有學好。元初到明中期二百餘年間，史學日益衰微，不僅
思想上保守、僵化，編纂技術上陳舊、刻板，史料的搜集、考辨，整理技術
也受到了空前的冷落。宋代史學的成就不僅沒有成為元、明史學向前發展的
基礎，相反，其中的糟粕如理學式的綱常說教，卻成了元、明史學家難以掙
脫的一道繩索。」這種論斷只說明了部份事實，那就是元至明的史學確實如
此。但是，明代史學思潮的改變，應該提前到弘治、成化年間的蘇州文苑的
掌故意識及由這個意識發展出來的野史筆記。葛氏所謂明中期云云，似乎不
夠精確，也顯示他忽略了明代野史發展的部份事實。

準，首先提出不同的歷史評價原則，對歷史人物展開迥然不同的批判，非議孟子，諷刺程朱，力斥司馬溫公和痛罵漢人效忠元室之劉秉忠、許衡、吳澄和趙孟，和宣宗之重視程朱，不批貳臣之觀念，來個全然的對立。顯見明初以來所標榜的正統思想，已被破壞。祝允明的著作對于晚明的李贄有相當大的影響。〔註41〕

祝允明之外，再提幾位較具代表者的生平。

葉盛（1420～1474）

葉盛，字與中，江蘇崑山人。生於永樂十三年（1420），卒於成化十年（1474）。正統十年（1445）成進士，授兵科給事中，後官至吏部左侍郎，歷仕正統、景泰、天順、成化四朝達三十年之久。於政事外，勤於讀書，潛心著述。所著《水東日記》是蘇州文苑野史筆記的先驅之作。

陸容（1436～1494）

陸容，字文量，號式齋，太倉州人。先世寒微，曾祖父陸福，受徐姓人家撫育，而冒其姓，直到陸容舉進士，才上疏復姓。天順三年（1459），陸容24歲，中鄉試，隔年參加會試，中副榜，該除州學正，辭不就，入國子監，卒業。一生官位不顯，最後只做到浙江布政司右參政。一方面是正直不阿，中了進士，因無知己在當道，未能選入翰林。一方面是極言直諫，語斥權貴，當然無法官運亨通。

陸容與吳寬同時，而稍長於王鏊，是「蘇州文苑」的成員，其學術風格與文化意識自然受到深刻的影響。在蘇州文人中亦小有名氣，與張泰、陸釴齊名，識爲「婁東三鳳」，祝允明是陸容的鄉晚輩。陸容平生無其他嗜好，惟聚書數千卷，是有名的藏書家。政事之餘，手不釋卷，見聞博洽，並努力著述。有詩文集、奏議及記事之文，《菽園雜記》是其名作。

陸粲（1494～1551）

陸粲，字子餘，一字浚明，吳郡長洲（今蘇州市）人。生於明孝宗弘治七年（1494），卒於世宗嘉靖三十年（1551）。陸粲少有文名，嘉靖五年（1526）中進士，選爲翰林庶吉士，以才補工科給事中。後以抗疏劾張璁、桂萼，被謫貴州都鎮驛丞，稍遷江西永新知縣。四十歲時以念母乞歸，里居凡十八年。

〔註41〕李贄《藏書》的史學觀點，可以上溯到祝允明的《罪知錄》的觀點，而又較爲中肯。

陸粲研心經史，學問宏博。錢謙益《列朝詩集小傳》稱其「嗜學，無不通，尤悉本朝典章，叩之若引繩貫珠，麗麗不可窮也。」

徐禎卿（1479～1511）

徐禎卿，字昌穀、昌國，生在蘇州府太倉軍戶家。先世河南洛陽，明初定居蘇州，其父遷居太倉。徐禎卿幼穎特，有詩名，入長洲縣學，弘治十四（1501）年中舉，十八（1505）年中進士。據資料云，因貌寢，未被選入翰林，而授大理左侍副，不熟法程，請調近家職奉養雙親。不久，調國子博士，二年後（1511）去世，享年32歲。

徐禎卿有文名，尤其詩。早期與唐寅、文徵明、祝允明游爲「吳中四才子」。中進士後受李夢陽影響（前七子除了徐禎卿外都是北方人）。徐氏晚年對道教頗熱衷，著迷於長生之修練。由王守仁所撰墓志錄知，正德五年（1510）在京師由湛若水介紹王守仁與徐認識，討論飛昇的問題。所撰《翦勝野聞》是屬明初傳聞。

尹直（1434～1510）

尹直，字正言，泰和人，景泰五年（1454）進士，改庶吉士，授編修。成化初（1465）允經筵講官，與修英宗實錄。總裁李賢欲革去景泰帝號，尹直力辨，不宜去帝號，頗有史家實錄之原則，既成，進侍讀，歷侍讀學士，成化六年（1470）上疏乞纂修《大明通典》，並續成《宋元綱目》，章下所司。

尹直明每博學，練習朝章，而躁於進取。尹直堅持非常傳統的史學原則，修實錄，力辨存景帝之實，是史家風範，比之李賢一味討好英宗可。另外上疏乞修《大明通典》，續成《宋元綱目》，都是希望此保留史書，做爲爲政參考的歷史意識。

王文祿（1503～1586）

王文祿，字世廉，號廉子、海沂子、沂陽生，藏書家。出身浙江海鹽一軍戶。祖父王軒雖是軍人卻很有學問而且精通卜易。其長子王佐字朝輔，號學圃，善騎射。他有一文集《彙堂摘奇》，因爲當時僞品泛濫市場，這個作品正好應了有錢的古物收藏家需要。王佐妻陸氏可能是重要掌故筆記作者陸深的家族，黃省曾爲其撰墓誌錄。她受很好的教育，影響王文祿很大。稍後，王文祿的《龍興慈記》就是陸氏告訴他的有關明初朱元璋建國事跡。

王文祿是富家的獨子，受好教育。正德十五年（1520）其父王佐曾帶他

去見鄭曉的父親；嘉靖六年（1527）兩對父子一起去訪王守仁的書院。此時，王守仁在廣東，書院則由門徒王畿主持，王文祿在此學習一段時間。嘉靖十年（1531）可能在南京國子監，通過省試，中了舉人。但一直未上進士，據說一直考到 80 歲（1532～1583）。王文祿除了守喪（1538～ca.1543）他至少考了 16 次進士而不中。另外，與袁褧一樣，王文祿是出版叢書的先驅。袁褧在蘇州有後繼者，王文祿在海鹽也有後繼出版商如胡震亨、姚士鄰——這兩人在杭州、南京都有生意。

袁褒（1502～1547）

袁褒，字永之，號胥臺。蘇州富裕家庭出身。四兄弟都以卓越作家著名。四兄弟的老么，是唯一有功名的，嘉靖五年（1526）中進士，被選進翰林院。十年（1531）任兵部人事，袁褒為對一件官署火災負責而貶派湖州衛光軍。袁褒著名作品是《皇明獻實》四十卷，有一百八十個明人傳記，他自己也寫了一些蘇州名人傳記。

袁褧（1459～1560）

袁褧，字尚之，號謝湖、懶生、藏亭。藏書家，四兄弟中的老二。袁褧赴考約八到十次都未成，最後捐入南京國子監生。有明一代的藏書家、出版家，袁褧當數第一。他家收集書籍始自十五世紀中葉，藏書樓叫嘉趣堂，印記出現在他的所有的出版品。

約自嘉靖十三年（1534）起，袁褧開始刊印一些他的收藏，和他的朋友的作品成《金聲玉振集》，是最早出版的叢書之一。每本書都有系列標記，很顯然是有意圖成系列出版下去的叢書，是明代出版的叢書中最重要的一部，最主要的原因是，五十五種書中，四十種以上是有關歷史與地理，有些還是首次刊印。他開了一個出版叢書的潮流，沈節甫的《紀錄彙編》就是這個潮流的延續，保存了許多明代歷史重要的史料。

另外，袁褧在嘉靖三十九年（1560）出版三本有關海寇的書：萬彪的《海寇議》、《海寇後編》；茅坤《海寇後編下》（1565）。嘉靖二十九年（1550）自行編輯出版另一系列叢書《奉天刑賞錄》反映永樂皇帝的派系，尤其是都穆的《壬午功臣爵賞錄》。袁也出版三種軼事系列，每一種包括四十種，四十卷，名四十家小說，分別以前後廣標示之。從袁褧出版的書可以看到他的博學旨趣與經世理念。

二、蘇州文苑掌故筆記的內容分析

筆記是一種文字形式，因為它不受體制、音韻的限制，所以極其自由，可莊可諧，所記載的內容也就包羅萬象。以宋代最著名的《容齋隨筆》為例，內容有歷史、文學、哲學、藝術……等。其性質特點有如下五點：1. 隨感：如有序中所界定的「隨筆」涵意是「意之所之，隨即紀錄」，「意到即就」。2. 有論：隨筆之中，有所議論。有史論、詩論。3. 常識：有普及知識及課教子孫的用意。4. 考證、辨誤、糾繆。5. 以文論史：據詩文而談歷史。

「隨筆」的長處就是輕快、靈活、運用方便，意到即就；短處是零碎鬆散、宇量狹小、不成體系。《容齋隨筆》的內容雖廣，但仍以歷史內容較為豐富、較有特色和參考價值。有關歷史的內容，又可分幾方面：1. 談論史事，尤其是歷代政治方面的內容。2. 談古道今，往往在談論當代史事時，將古與今聯繫起來，考察歷史的發展變化，談古以道今，慨嘆而有寓意。〔註42〕

明代野史筆記可以看到洪邁《容齋隨筆》影響的脈絡，這在緒論中已述及。張志淳在其所著《南園漫錄》自序中稱「因讀洪邁《容齋隨筆》、羅大經《鶴林玉露》二書，仿而為之」，〔註43〕〔註44〕可見至少在正德間《容齋隨筆》已對明代人產生影響。

明代史學較值得注意的趨勢是蘇州文苑將歷史當做博趣的材料，為在文章中表現博趣而不斷搜羅故事。歷史本身仍然不具獨立的意義，但是，卻將歷史的領域由政治擴展到民生社會的瑣事。歷史不再是經學的附庸，不再負有沈重的義理包袱，反而找到寬廣的空間。其內容非常龐雜，是優點也是缺點。內容因每個人見聞、興趣不同而異。作官的有作官見聞，在野的有在野的趣味。至於掌故筆記的史學成份，則必須從史料價值與史學意識兩方面談。其可談者有：1. 因為是雜記，所以沒有特地掩飾或誇張，而且內容範圍廣泛，頗有史料價值，是正史所缺的。2. 記載這些見聞的動機，本身就是歷史意識的表達。進一步考察這種歷史意識則有「以誌不忘」，有「留芳勸善」，有「保留掌故以供史裁。」3. 筆記最精彩的部份是反映作者的人生觀、讀書觀、文

〔註42〕 施丁，〈從《容齋隨筆》看洪邁的史學〉，《史學史研究》1982（二），頁41～48。

〔註43〕 《四庫》子部雜家類，頁2565。張志淳，自號南園野人，雲南籍，江寧人。成化甲辰（1484）進士，官至戶部侍郎，叢劉瑾黨勒致仕，見焦芳傳，無事蹟可見。

〔註44〕

化觀。筆記中提及的作品是作者的學術來源，筆記中有年代、日期的記事，也可充份了解作者生平，是很豐富的傳記材料。

本時期筆記的種類很多，而很難分清楚，因爲依照內容分，每種筆記包含各式各樣內容；大致分爲：（一）讀書筆記型──《水東日記》（二）生活見聞型──《菽園雜記》（三）掌故抄錄型──《治世餘聞》。不論那一種，都是反映高度的「當代性」。以當時所見、所聞、所思爲主。即使是因市場需要而誇張、作假，亦可以充份反映當時的社會價值觀。另外，掌故筆記富有掌故意識、地方文獻意識、樸實的私家觀點。內容包括語錄小品、遊記、見証史學、考據、詩話、藥方、社會傳聞、名人軼事，是文集、碑傳所無的第一手史料。缺點是傳抄錯誤。（同註43）

掌故作品之不同表現在：在朝與在野，學派之別，資質興趣動機不同，藏書家、文人、政治家等身份的不同。總的說來，蘇州文苑的掌故筆記雖有眞實的可貴，但是，因爲時局嚴峻，使作者只敢雜記掌故，不敢冒然撰作體例完備的史書，怕引起注目。另外一方面，在官方修史時政治因素抑制了修史空間，所不易發揮的史學與史識，都轉移到掌故筆記中。自成一格，也是史學意識的另一種形式的解放。不但保留了古代史官「及時性」的實錄精神，也拓展了撰史權與史學領域，未嘗不是一項意外的收獲。

以下舉幾種較具代表性的筆記作品：

葉盛《水東日記》

《水東日記》主要內容是記錄明代前期的典章制度。由於作者久居官場，見聞亦廣，對於各項制度及其沿革利弊等，言之甚詳。《四庫提要》說：「盛留心掌故，於朝廷舊典，考究最詳。」書中也間及當時人的一些軼聞逸事，且多爲作者的耳聞目睹，是當時官場生活的一個側面。另外，本書有不少篇幅是關於宋、元文人學士的行事及其碑銘、墓誌等；同時也收錄了一些宋、元、明人的文章、詩詞、書札、奏議等，是明人筆記中，史料價值較高的一種。

陸粲《庚巳編》

《庚巳編》係陸粲早年所撰筆記。內容大都爲奇聞異事、因果報應之類。〈洞簫記〉與〈剪燈新話〉等明人小說同啓聊齋志異之端。其餘各則志怪，爲文清約，《閱微草堂筆記》似承其緒。從文學史上說，《庚巳編》自有其承上啓下之價值。《庚巳編》所記錄的當時情況，大致有如下幾類：一、明代的刑獄案件和社會新聞；二、明代某些奇人之異行；三、祥瑞災變；四、明代

的某些民俗。

陸容《菽園雜記》

《四庫提要》稱《菽園雜記》「於明代朝野故實，敘述頗詳，多可與史相參證；旁及詼諧雜事，皆並列簡編。」大致概括了該書的內容和特點。有關明代朝野故實，譬如卷五列述洪武、永樂、成化三朝京營的設制大略；卷九記載成化以前巡撫總督的增設、名目和職守；另外，還記載了不少有關明代社會風俗民情和手工業生產的材料，如卷三記江西人民勤儉的趣事；如卷十三記載衢州常山、開化造紙的整個工藝過程，很有價值。有些記載和議論反映了陸容的學術觀點，如卷五反對熊去非要將叔梁紇配祀孔廟；卷十三對世人指斥秦檜，提出了異議。

尹直《謇齋錄》

尹直所私撰《謇齋錄》當是參與修實錄、大明通典等工程所獲得的史學、史料，筆記而成。可以推定，尹直的歷史癖使然。然其中亦有偏頗，則是常情，在官場中，與李賢意見不同；與吏部尚書尹旻、萬安、彭華等人相惡，對他們的記事然會有情緒偏見。官場資歷非常豐富，所見聞廣闊，記事內容豐富。

蘇州文苑掌故書目舉例（詳目列書後參考書目）

	陸 釴	病逸漫記	1520	陸 深	金臺紀聞
	葉 盛	水東日記		陸 深	玉堂漫筆
1473	姚 福	清溪暇筆		李 默	孤樹衷談
	彭 時	彭文憲筆記		李 賢	古穰雜錄
1494	陸 容	菽園雜記		楊循吉	吳中故語
1495	黃 瑜	雙槐歲鈔		陳 沂	畜德錄
1500	徐禎卿	翦勝野聞		祝允明	讀書筆記
	祝允明	前聞記		葉子奇	草木子
	黃 溥	閒中今古錄		沈 周	客座新聞
	王 錡	寓圃雜記		汪雲程	逸史搜奇
1510	王 鏊	震澤長語、震澤紀聞		祝允明	語怪四編
1520	陸 粲	庚巳編		祝允明	猥 談
	王 瓊	雙溪雜記			

第三章　明代中期的野史

第一節　嘉隆時期史學風潮形成的背景

　　每個時代對歷史的態度都不一樣。從中國史學發展的歷程來看，撰寫史書最盛的時代有兩種情況，一種是開國之初，爲了確立本朝的正統性，開館修前朝史；一種是朝代中期或晚期，爲了解決當時所面對的問題，想從過去的歷史中尋找智慧，也會造成撰史的風潮。沈剛伯曾經爲文論述史學與世變的關係說：「大凡史學盛行都在世變前後」，〔註1〕語頗中肯綮。

　　學術具有感染性、傳衍性，會因時、因地、因人而形成學風。在時間上，當前期學術累積到一定程度，一遇適當時間，適逢其會，自然迸發。然而，必須有傑出人物領導風潮，結社頻繁，資訊流通快，互相論戰風氣盛。加上物質條件夠成熟，才會造成一代的學術風潮。

　　明代史學的發展亦如此，洪武開國之初，匆促開館修《元史》，完全基於政治上的考量，只是一種例行公事，實在談不上什麼歷史意識。此外，只有少數奉命撰作的朝政記錄或隨軍記實，算是起居注的替代品。洪武廢起居注，永樂則是忙於篡改實錄，完全是反歷史的行爲。民間懾於文字獄，對於本朝的歷史根本不敢去碰觸。英宗正統十四（1449）年土木堡之役後，國家遭逢空前的變局，有識之士才開始做全面性的檢討，而有一些歷史性著作出現，

〔註1〕沈剛伯，〈史學與世變〉，中央研究院歷史語言研究所集刊第四十本，1968年10月，頁509～517。收入杜維運、黃進興、陳錦忠編，《中國史學史論文選集》（二），臺北：華世出版社，1985年2月再印。

如丘濬的《大學衍義補》,民間漸漸有人敢談論明初史事,如建文遜國的事蹟,也有札記當代見聞的作品。不過,一直要到嘉靖皇帝由外系入統以後,整個文化環境逐漸走出明初以來的保守風格,明帝國才有顯著的轉型。不論在政治上、經濟上、思想文化上嘉靖一朝都是明代前後期的分界點,都呈現轉型的意義,史學的蓬勃發展更是不在話下。

首先,政治環境解禁與內憂外患刺激改變了明初以來的文化環境。孝宗弘治以後,政治忌諱漸次開禁,尤以嘉靖皇帝以小宗入為正統,已一反洪武禮制,為了生父尊號問題,發生「大禮議」。因為世宗不屬太祖、成祖這一帝系,對於明初以來帝室正統的功過不必在意,其結果,不但使政治派系發生變動,連帶明初以來的本朝政治禁忌至此完全解除,各先王的歷史,尤其是洪武、建文的史事,得以開放討論;史學論述,因此有了較寬廣的尺度。弘治以後出現在稗乘野史,一部份對明太祖的認識與評斷,尤其是出現對明太祖時代的文字獄的翻案文章,這是值得探究的。〔註2〕

而促成史學迸發光彩的導火線,應歸於時局的刺激。明朝發展到嘉靖,已過了兩百年左右,由於宦官長期專政,政局出現危機徵兆,典章制度到了需要檢討的地步;南倭北虜以及國內民亂四起,社會變亂屢現,內憂外患同時進逼,戰事頻仍,造成朝廷財用枯竭,再度激起憂患意識。一般有識之士論制度、論財計、論邊事,企圖挽救世局於不墜,於是開始注重總結歷史經驗,尤其是檢討本朝的治世經驗,希望從當代史的研究取得實用的智慧,做為現今改革的資鑑,史學的經世主義便凸顯出來了。〔註3〕撰作全史的意識便濃厚起來,各樣體裁的史書便應運而生。

其次是社會經濟環境的改變與政治運動、社會運動、思想運動等外在社會變動是相互影響的。明朝中葉以後,商業資本高度發展,都市繁榮,並提供了文化發展的物質條件。尤其是印刷術改變了社會的結構、傳播意識、傳播方式。由於印刷術發達,刻書業逐漸興盛,書籍刊刻容易,加上商品經濟發展,使書籍作為商品流通廣而快。人們眼界寬廣因而開放,促使思想革新的潮流。〔註4〕

〔註2〕 陳學霖,〈明太祖文字獄案考疑〉,中央研究院第一屆國際漢學會議論文集,1981年。

〔註3〕 參考姜公韜,《王弇州的生平與著述》,國立臺灣大學文學院《文史叢刊》,1974年12月初版。

〔註4〕 〈明代印刷術的情況〉,參考張秀民《中國印刷史》,上海人民出版社,1989

　　明代社會因爲印刷術發達帶來的改變，可以分述如後，首先，經學、理學、文學等各種學術爭議性的見解，都可以經由印刷出版而廣爲流傳，官方一元化的說法自然要面對挑戰。王學的流布除了書院講學的普遍外，學說著作可以自由出版也是一種積極的因素。與官方說法相左的異端學說既然可以自由出版，官方當然要加強它的檢查與控制，於是開始有禁書的措施。〔註5〕其次，有機會出版著作，在廣大的讀者面前「表現自我」，促進了人們寫作的動機。中國人很在乎著作能傳世，是一種歷史意識，也是一種傳播意識，人們對歷史的感覺也會跟著改變。還有書籍印刷出版，促使人們興起了識字的動機，以及增長了閱讀能力，增加了書籍的需求與流通。明代地方教育普及，士紳及庶民的文化水平及求知慾提高，刺激了私家著述的刊刻與流通。〔註6〕另外，除了各人的文集外，開始有一些稀奇古怪，非正統範疇的著作問市。這些著作比起那些傳統的經典名作，當然遜色很多，不過從另一個角度看，它們是社會普及化、多元化的觸媒，不能完全抹煞它的意義，這些反主流文化的神祕主義由口述轉爲筆述，經由出版廣爲流傳，野史筆記中的志怪傳聞就是反映這種事實。也由於社會一片歌舞昇平的景象，王學流布，佛道二教興盛，文體趨向通俗這些值得注意的社會條件，一般士紳及市民階級喜愛講史小說、志怪諧談，佛道故事等口味。因此，以筆記小說體裁爲主的

年9月第一版，頁334～339。

〔註5〕鄭德熙，《明嘉靖年間朱子學派批判王學思想研究》，中國文化大學史學研究所博士論文，1990年6月。

〔註6〕明代著述量之豐富，參考屈萬里、昌彼得，《圖書版本學要略》，臺北：中華文化出版事業社，1964年3月初版，卷二，頁57。另葉德輝，《書林清話》（文史哲出版社，1973年12月初版）卷七，〈明時刻書工價之廉〉，頁13下～14下：「……元時人刻書極難，……故元人著作之存於今者，皆可傳也。前明書皆可私刻，刻工極廉。聞前輩何東海（良俊）云：「刻一部古注十三經，費僅百餘金（按，此段話，當係何氏在《四友齋叢說》，卷三，所說的：「余以爲十三經註疏板頭既多，一時工力死難猝辦，但得將古註十三經刻行一部，則大有功於聖學。而於聖朝政治不爲無補，且亦可以嘉惠後學，其費不上一二百金。」）。故刻稿者紛紛矣！嘗聞王遵巖、唐荊川兩先生相謂曰：『數十年讀書人，能中一榜，必有一部刻稿；屠沽小兒，身衣飽煖，歿時必有一篇墓誌，此等皮籍，幸不久即滅，假使盡存，則雖以大地爲架子，亦貯不下矣。』……按明時刻字工價有可考者，陸志、丁志有明嘉靖甲寅（三十三年，1554），閩沙謝鸞識、嶺南張泰刻《豫章羅先生文集》，目錄後有刻板捌拾參片，上下二帙，壹佰陸拾壹葉，繡梓工貲貳拾肆兩，木記以一版兩葉平均計算，每葉合工貲壹錢伍分有奇，其價廉甚。至崇禎末年，江南刻工尚如此。……」

稗乘、雜著不斷問市。另外，歷史性的記載，使人們對於過去保留了較豐富
的記錄，明代史籍之豐富是有目共睹的事實。〔註7〕

　　社會商品經濟發展的結果，使知識份子能獲得官方以外的經濟支持而有
更大的論學空間，也是論學術思想者不能忽略的。因為不敢否定官學的價值
體系，是中國士人永難超離的宿命，即使如何不滿現狀，或有新見解，但為
了入仕，實踐入世的目標，一般知識份子不敢輕易撼搖官學價值體系。其實，
成化、弘治年間的蘇州文人，尤其在野的，較能夠開拓出一番天地，擺脫官
學束縛而有離經叛道的勇氣與實踐。一方面是在野，一方面有足夠地方上的
經濟支持，免去對官方的依賴，直接透過商品經濟向民間尋求供養──講學、
刊書、賣畫。準此而論，嘉靖時期野史學的發展以及反官學的價值觀，除了
王學意識的平等主義外，最重要的因素，恐怕是社會經濟發展的結果，使在
野士人的經濟支持不必完全依靠政府，而直接獲得民間的供養。

　　嘉靖時期由於王學運動已深入各個階層，而文學的復古運動也次第展
開，整個大環境有助於思想文化的發展，又可以分兩方面談：

1. 王學興起，個人意識覺醒

　　明代思想從整個中國思想史的發展來說，是從宋元的宋學向清初漢學過
渡的轉變期。而就明代的理學發展而言，大致上又可以說是朱學與王學相互
消長、較量的過程。

　　中國儒學自唐末以降有一股儒學復興運動，至北宋展現新機，至南宋朱
熹乃集理學之大成而發展至最高峰，自此，朱子學在中國思想界一直居於獨
佔的局面。

　　朱子學於元代仁宗時（1313），始被立為官學。至明初，有宋濂、王禕、方
孝孺、薛瑄、吳與弼等人發揚而極盛。尤其，科舉以朱子學為準，永樂間甚至
頒《四書五經大全》，廢古注疏而不用，士人遂與古學隔絕。顧炎武為此嘆
曰：「自八股行而古學棄，《大全》出而經說亡。」薛瑄、吳與弼講朱子學偏重
躬行實踐。講躬行實踐的另一面是，他們無法深化、落實朱子學，而只是把朱
子學教條化，視之為當然，卻不究其所以然。薛、吳的學風導致朱子學更加僵

〔註7〕 Ithiel de sola pool, Technologies without boundaries. Harvard University Press,
　　　　1990.（中譯名：《第八類接觸》，臺北：時報文化出版公司，1992年7月）一
　　　　書談到人類傳播演變的歷程，首先說到印刷術的改變對人類社會的影響，我
　　　　們把它拿來考察明代社會的情形，也有若干可以借鏡的地方，本段敘述即是
　　　　參考該書中譯本 p.5～8 的敘述。

化，更加官學化而遠離「道問學」的精神，而失去學術活力，不再發展。

明初以來，朱子學官學化的結果，名實脫節，逐漸使道德僵化，流於教條，無法落實在社會生活中。至成化年間，陳獻章首先起而革新朱子學，反對朱子學官學化，是明朝中期學術轉變的關鍵。至正德間王陽明出，呼應陳獻章的主張，進一步獨樹一幟，矯朱學之弊，特措意讀書，為朱子學注入新生命，王學自朱子學中衍化出來而盛行之。雖然朱子學仍守住官方正統的地盤，但王學在民間流布迅速而廣泛，勢力直逼朱子學，甚至引起官方「反王學」的動作。嚴格說來，明代理學仍以朱學為主幹，即使白沙、陽明，也都是從朱子學轉化而來。陳白沙至王陽明的革新、反動，並不是否定朱子學的道德價值，而只是講「致良知」一究其所以然，再進一步「知行合一」，強調道德實踐，為僵化的教條，注入新生命。

王學自朱子學中衍化出來，在基本德目的信仰上並無不同，只是在實踐的手段、過程上有差異。明初諸子謹守朱子學教條，明言實踐，實際上是怠惰不學。王學在這層弊病上，應是朱子學派的突破。王學的崛起是理學本身在方法論上的突破，因為王陽明是有見於社會道德僵化，流於教條，理學無法在社會生活中落實，才提出「致良知」，強調道德實踐，為僵化的教條注入生命。因此，他關切的不是綱常規範的改變，而是人們的道德實踐怎樣和綱常規範一致的問題。王陽明的學說是從改革時局出發，基本上跟官方價值（朱子學）沒有正面對立，這也可以看出王陽明對官方仍有依存關係。中國傳統士人的終極目的必須依附朝廷而實現，不能做官終究是一種遺憾。準此而論。我們在提出王學崛起對明代野史學的影響時，必須認清它的範圍及有效性，也就是說，明代野史並沒有因王學的影響而在本質上有多大的改變，只能說是在方法、形式上改變。

明朝歷史從中葉以後，呈現一種「脫中心化」的發展形態，王學運動是一股「脫中心化」的動力，可是被中國傳統學術發展的形式所框限，王學很快地「中心化」，而失去解構朱學的能力。明代野史筆記的發展也有同樣的情形，只是在某種程度上解構了歷史記載的形式，其內容仍然是為主流思想服務，所不同的是用更廣泛的教材代替四書五經來教化世人，所謂「悠閒世教」，頂多是教化史學的一種形式，仍然是史學的「邊緣」。所以，當中央政權再度強化以後，那股蓬勃的活力很快就被壓抑下去。〔註8〕

〔註8〕　包遵信，〈王學的崛起和晚明社會思潮〉，《中國文化研究集刊》第二輯，復旦

　　質言之，成化以來的學者已經漸漸不耐煩明初諸子「思而不學」的弊病。明代中期學者的知識態度逐漸改變，王陽明主張恢復大學古本，藉典籍以解決義理的問題，基本上是呼應了思想界對知識重要性的呼籲。爲了具備更豐厚的知識基礎，以求義理，更需追溯源頭，於是回復漢唐、倡古注疏之重要。王鏊便是其中之一，他表彰鄭玄之功，以爲漢人之說不可廢。其他如楊慎、黃佐、鄭曉亦重漢儒之學；謝肇淛、王世貞、焦竑、郎瑛、胡應麟……都是，上述諸人不但是考據學名家，同時也是筆記作品的重要作者。考據學者必須有豐富的藏書，筆記作者亦然，都是藏書家，考據學亦是筆記內容的大宗。王學崛起所帶動的學術影響，可以從這個角度思考。這是考據學興起的思想背景，〔註9〕同時也是筆記小說盛行的思想背照。

　　明初的保守型文化到嘉靖時期逐漸獲得解放與轉型，這種轉型最大的動力來自王學的興起。由陳白沙起，至正德間王學興起，打出道學革新的旗幟，衝破程朱理學的藩籬，思想界頓時有蓬勃的生機，個人意識覺醒，人人可爲聖賢的平等意識配合經濟條件，促發了社會的活力。學術很快朝向普及化，文學界發展出具有自由解放，反抗傳統思想的風格。不過，明代理學脈絡發展，只能廣泛地說明王學運動對「個人意識覺醒」的關係，以及史學因此獲得新的視野，對明代前期歷史展開新的總結與詮釋，各種類型的史學作品發展得更成熟，數量也更多，提供撰作全史者豐富的素材等事實。至於，野史作者的理學派別及其對野史作品的影響則是另外的問題，有待另文討論。本文不擬太深入說明理學發展。

2. 文學的復古運動與對古學的興趣：

　　明代嘉靖以後，文化界普遍盛行「復古」風氣。文學界有復古主義，如王世貞等的「後七子」；思想界「有反宋學傾向」；學術界則是考據學興起，如楊慎以「博洽」稱，歸震川、錢牧齋提倡古學，方以智、陳第注意古字古意之研究。王心齋、戴虞或冠、穿老萊子服以古爲奇。嘉靖間，豐坊專「以古騙人」，表示「時人好古」雖然文學復古風只是重形式而少實質，但由此所牽動對古學的注視，則值得注意。由好古而復古、而好奇，都是一念之延伸。明代人一都喜「好奇炫博」所以大部份只是追求復古的形式，而不必然是追

　　　　大學出版社，1985 年 2 月第一版。
〔註 9〕參閱林慶彰，《明代考據學研究》（臺北：臺灣學生書局，1983 年 7 月初版）
　　　　對明中葉前的學術環境的敘述。

求義理。「古」只是一種裝扮、時髦，並無實質的意義。筆記件品最常反映這種時代風格。

　　嘉靖以後的復古文風與王學運動有關係，至於與史學之關係。只能說是「考據」之風的萌芽，林慶彰的論題，可以突顯其重要，如楊愼、王鏊、黃佐等人的革新學風，與野史學有直接關係者，似乎只有「重博專治」學風。

　　明朝發展到嘉靖年間如同開元、天寶之於唐朝是明代的轉折期，在政治、經濟、文化、社會等各個領域都已有了很大的發展，累積了相當多的歷史內容，而且這些內容也以掌故筆記、記實作品的方式記錄下來，史料累積到一定程度，史學體例百式雜陳，記錄內容。因此，明代史學發展到嘉靖年間，能大放異彩，蓬勃興盛，除了上述政治、經濟、思想的因素外，前期所累積的史學元素，如前期的各種野史作品累積了一定程度的史料，足夠做歷史經驗的總結，累積成明代中期的史學風潮的基礎。

第二節　明代中期的掌故野史與記實史學

　　明代中期的野史作品因應時代的要求，一方面延續前期蘇州文苑的掌故筆記，內容從一般傳聞雜錄的延伸到朝政掌握；另一方面在記實史學方面，從明初史實擴展到各種內憂外患的戰役記實、出使記遊等等。這些野史作品爲當代全史的撰作提供豐富的素材。名臣言行錄及傳記集也在本時期逐漸盛行，另外，一些藏書家和出版家開始刊印叢書，有個人文集，也有多人作品合集，爲敘述方便後面兩個部份留在下一章再論。

一、掌故筆記史學的發展

　　嘉隆時期的掌故筆記比蘇州文苑的掌故筆記內容更廣泛，志怪部份相對降低。大致說來，內容不只是博洽尚趣，做爲文學詩文的素材而已。而增加經世致用的目的，而且側重本朝史實的鋪陳。很多偏重當代史實、掌故、見聞，主要反映了兩個層次；一個是實錄主義，有較濃厚的史學意識；另一個是好奇「炫博」，這就必須在復古風氣的部份來詳論。在此選述幾位本時期重要的史家與其史學如下。

1. 陸深（1477～1544）

　　陸深，字子淵，號儼山，松江府上海人。先世從開封遷到松江，定居於

此，漸漸富裕，成為該地區富戶之一。陸深自幼聰穎，1501 年舉人，赴京考試不中。進南京國子監，章懋、羅欽順對陸深印象極深。弘治十八年（1505）中進士，入翰林院。大學士劉健、李東陽、謝遷都賞識陸深之才華。正德二（1507）年進升編纂，直到母喪。劉瑾垮台不久後，七年（1512）六月受命經筵講官，又歷任國子監祭酒、延平府同知、四川左布政使，也曾隨世宗謁皇陵。在多彩多姿的宦途中，陸深非常勤於記錄所見所聞，是個多產作家，作品範圍廣泛，包括著名人物、社會狀況、現象事件、古物、文藝及其他雜記，增加了很多明初歷史有價值的資料及其他當代的資料。除了他的日記外，還有：《金臺紀聞》、記載翰林院經驗的《玉堂漫筆》、記元末群雄及朱元璋戰勝元朝事的《平胡錄》。陸深的史學表現在他的《史通會要》，是「史通學」很重要的著作。

陸深的作品由其子陸楫編輯刻刊成叢書，有徐階的序，名曰「儼山外集」，《四庫》稱「是編乃其箚記之文，其子楫彙為一集。凡……其中唯《史通會要》，摭劉知幾之精華，檃括排纂，別分門目，而採諸家之論以佐之，凡十有七篇，專為史學而作。《同異錄》為進御之本，採擇古人嘉言，……專為治法而作……其餘則皆訂證經典，綜述見聞，雜論事理，每一官一地，各為一集，部帙雖別，體例則一，雖讕言瑣語，錯出其間，而核其大致，則足資考證者多，在明人說部之中，猶為佳本。」〔註10〕

《儼山外集》，明嘉靖二十四年（1545）刊本，詳目如下：

傳疑錄二卷	停驂錄一卷，續三卷
河汾燕閒錄二卷	科場條貫一卷
春風堂隨筆一卷	豫章漫抄四卷
聖駕南巡日錄一卷	中和堂隨筆二卷
大駕北還錄一卷	史通會要三卷
淮封日記一卷	平胡錄一卷
南遷日記一卷	春雨堂雜抄一卷
知命錄一卷	同異錄二卷
金臺紀聞二卷	蜀都雜抄一卷
願豐堂漫書一卷	古奇器錄一卷，附江東藏書目錄小序
谿山餘話一卷	書輯三卷
玉堂漫筆三卷	

〔註10〕《四庫》卷一二二，頁2587。

　　《史通》在唐末，柳粲的《史通析徵》，宋初，孫可《駁史通》，之後已無傳，鄭樵《通志》、晁公武《郡齋讀書志》、陳振孫《直齋書錄解題》、王應麟《玉海》、馬端臨《文獻通考》，都有評語刊載。直到宋末，名聲不輟。朱熹恨不見《史通》，之後《史通》流傳稀少。由於《史通》舊刻本留傳的極少，只有藉《永樂大典》網羅群籍時留下。以後蜀本、吳本、文句脫略，互有異同。直到明代中葉，陸深第一次拿到《史通》寫本，初次嚐試該書的校正，改正因習上篇之闕佚，以及〈曲筆〉、〈鑑識〉兩篇之錯簡訂正，又別錄後人的論史文字，「明人好翻刻古書，以至古書亡」，在陸深與《史通》的例子正好相反。〔註11〕

　　《史通》對史部範疇的擴大意義，其〈雜述篇〉中所提到的史著，在明代得到充份的發展。陸深的史通學與其野史撰作必然有相當的關連，如對私家撰國史、雜史等的重視。可以推想陸深對《史通》研究與勤於紀錄時事，對明代中期野史學發展有一定程度的影響。〔註12〕

　　《史通》的研究到清代浦起龍作《通釋》才又開始盛行，可以說，明代學術是清代文運隆盛的前身，在此，也可以看到明清學術上的連繫，兩代之間應有其圓滿自足的可能性。如果只是討論清代考證學風的萌芽，不能適當評價明人的學術成就。

2. 陳洪謨及《治世餘聞》、《繼世紀聞》

　　陳洪謨，字宗禹，別號高吾，生於成化十年（1474），弘治九年（1496）成進士，歷任刑、戶二部部曹、漳州知府、江西參政、貴州雲南按察使、江西左布政、巡府等職，官止兵部左侍郎。嘉靖九年（1531）為首相張璁所譖罷歸。此後著書課子，家居二十餘年，嘉靖三十四年（1555）卒。

　　《治世餘聞》成書於正德十六年（1521），專記弘治一朝見聞，分上下兩篇。作者在跋語中說明其內容云：

> 上篇事關廟朝，下篇則臣下事也。皆即一時所聞，或因一言一行之微，漫書之，初非有所擇也。若夫聖政之宏綱大紀，及諸臣言行之詳，自有國史及諸家文集在焉，茲固其餘耳。〔註13〕

《繼世紀聞》係記正德一朝的見聞，書成於嘉靖初年。

〔註11〕參閱增井經夫，〈明代史通學〉，《東方學》，第十五輯，1957 年 12 月。

〔註12〕參閱內藤虎次郎，《內藤湖南全集》，第十一卷，《支那史學史》，頁 278。在敘述楊慎史學的同時，也提到一點有關明代的「史通學」。

〔註13〕陳洪謨、張瀚：治世餘聞、繼世紀聞、松窗夢語，北京：中華書局，1985 年 5 月第一版。

作者仕途三十六年，身歷中外，見聞頗廣，以當時人記當代事，記下弘、正兩朝宦官的驕橫恃勢、紛紜的黨爭，大官對皇帝的柔媚取寵，苟且貪位，有助於了解當時的朝廷風氣。此外，民生疾苦、明朝與哈密、吐魯番關係、劉六、劉七民變經過、寧王叛亂的始末等記事。

嘉靖、隆慶掌故筆記

1527	黃暐	蓬窗類記	1570	高拱	本語
1528	何孟春	餘冬序錄		陸釴	病逸漫記
1544	董穀	碧里雜存		李東陽	燕對錄
1556	郎瑛	七修類稿		賀欽	醫閭漫記
	鄭曉	今言		陳洪謨	繼世餘聞
	鄭曉	徵吾錄		楊廷和	視草餘錄
	徐咸	西園雜記		李時	召對錄
	陳洪謨	治世餘聞		張孚敬	諭對錄
	陳洪謨	繼世紀聞		費宏	宸章集錄
	陳良謨	見聞記訓		都穆	三餘贅筆
1570	高拱	病榻遺言		都穆	奚囊續要
	田藝蘅	留青日札		都穆	談纂
	陸粲	庚巳編		都穆	聽雨記談
	林廷機	平曾一本敘		都穆	玉壺冰記
	高拱	病榻遺言		陳沂	畜德錄

b. 記實史學

本時期的記實史學是延續前期而來，大致可以分做兩個部份來談：其一是明初史實重構，其二是隨軍或出使的記錄。

1. 明初史學重構相關書目

1530	陸深	平胡錄	1551	蔡于穀	開國事略
	陸深	平蜀記		黃標	平夏錄
	孫宜	洞庭集		孫宜	明初略（即洞庭集）
	童承敘	平漢錄		徐禎卿	翦勝野聞
1543	吳樸	龍飛紀略			孝陵紀略
1551	王文祿	龍興慈記		卜常	興濠開基錄

1551	卞　常	明興雜記	1551	袁　裝	奉天刑賞錄
	梁　億	尊聞錄			奉天靖難記
	梁　億	洪武輯遺		吳　寬	平吳錄

2. 隨軍或出使的記錄

　　本時期的記實作品有關戰爭的，如：倭患、虜患、匪亂，很多。這一部份是繼永樂時期的《北征錄》而來的，算是見證歷史的形式。比《北征錄》進步的是，這些作品多不只是奉命撰作的官史書，更是事件的參與者或目擊者的敘述的野史。如馬文升《西征石城記》、王瓊《北虜事蹟》、蕭大亨《北虜風俗》提供了有關蒙古人的習俗和他們與中國的關係的第一手資料。田汝成《炎徼紀聞》（1560）紀述了到嘉靖時為止與廣西、貴州和雲南土著的爭戰。俞大猷《洗海近事》隆慶二年（1568）間在福建、廣東沿海鎮壓海盜的事。其次，是出使紀遊，如：陳誠《西域行程記》，是作者在永樂十二（1414）年間經中亞出使撒馬兒罕和哈烈時所作的個人旅行記錄。陳侃《使琉球錄》是嘉靖十二、三年（1533～1534）間奉使琉球記錄。龔用卿《使朝鮮錄》係嘉靖十五、六年間（1536～1537）出使朝鮮之報告。

　　重要的作品及其作者簡略介紹如後：

田汝成（1500～1563）

　　田汝成，字叔禾，號藥洲，杭州人。嘉靖五年（1526）進士。在廣東出版過一部文集，《藥洲先生集》六卷，及《藥洲先生詩集》。其後到廣西鎮壓西南民亂有功。最後在福建辦教育，獲准致仕，用餘生致力方志的撰寫。有兩篇重要的歷史作品：（1）《炎徼紀聞》，四卷（1560 作者自序）因作者長期任職貴洲、廣西等地，對其形勢和土司實況了解較深。故此就便，記錄了當時西南苗族及其他少數民族的許多情況。其中卷二記錄了明朝廷與斷藤峽部族的關係，並提出安撫的多種措施，極具史料價值。（2）《行邊紀聞》（1557 顧名儒序）包括十四篇當時廣西貴州、雲南部族報導，他的處置及先前的行政錯誤。與《明史》所敘詳細比較，是很重要的補充。田汝成強烈批判王守仁，但是《四庫總目》的編者，忽略他對王的嚴厲批評。

　　田藝蘅（1524～1574），字子藝，是田汝成之子。只比父親名氣稍小的作家。雖早熟，且有廣泛的閱讀興趣，但除了貢生外，沒有什麼功名。曾做過休寧、徽州的學官，最後是南京國子監。1557 年倭寇威脅江浙海邊，他親率一千人的自願軍抗倭。曾應地方官之請收集地方史料，後到京師與編《世宗

實錄》。最著名的作品是《留青日札》，三十九卷，共計約六百篇文章和短札。如其父一樣勤於筆記，田藝蘅也寫過西湖掌故《西湖志餘》，二十六卷。

記實作品書目

1450	吳寬	平吳錄	1510	方逢時	平惠州事
1450	劉定之	否泰錄		徐宗魯	松寇紀略
1450	李實	北使錄		范袁	海寇前後議
1450	楊銘	正統臨戎錄			海寇後編
1465	袁彬	北征事蹟		張孚敬	大獄錄
1470	楊瑄	復辟錄		楊希淳	庚申紀事
1470	李賢	天順日錄		高拱	邊略
1510	楊一清	西征日錄		鄧林喬	三封北虜始末
1510	錢德洪	平濠亂記		劉紹恤	雲中降虜傳
	楊士奇	三朝聖諭錄		方逢時	上谷議略
	錢德洪	平濠記		查志隆	安慶兵變
	郁衮	順命錄		郭應聘	西南紀事
	丘濬	平定交南錄		王尚文	征南紀略
	劉齊	革書		郭子章	西南三征紀
	馬文昇	西征石城記		曹子登	甘州紀變
	馬文昇	撫安東夷記		曾偉芳	平夏紀事
	馬文昇	興復合密記		談愷	平粵錄
	許進	平蕃始末		都穆	使西日記
	王瓊	北虜事蹟		朱紈	戍邊記事
	王瓊	西番事蹟		陸深	停驂錄
	祝允明	江海殲渠記		陸深	續停驂錄
	陸深	北還錄		嚴從簡	殊域咨諏錄
	陸深	聖駕南巡日錄		田汝成	炎徼紀聞
	韓兆奇	大同紀事		倪謙	使朝鮮賦
	孫允中	雲中紀變		倪謙	遼海編
	馮時可	俺答前後志		蕭從業	使琉球錄

第三節　野史筆記與私撰本朝史

　　據焦竑《國史經籍志》所著錄，收有鄭曉《吾學編》以下 102 部當代史著作，反映了明代中期對撰作總結性的當代史的盛況。這時期的私撰本朝史表現出開闊的氣象。不但體例多元，也表現出強烈的當代史意識。惟因官方資料尚未全面開放，史家撰史所能參考的僅限於當時流傳可見的掌故筆記與零星的紀實作品，在史實考核上不夠嚴謹是可以理解的，這也是歷史條件的必然限制。不過，不能因此而抹殺這個時期當代史蓬勃發展的意義，就如同我們不能要求每部史學著作都要蒐集完整的資料再撰作，或只以資料不全、限制來評定其史學價值。因為任何史學作品原本就是在有限資料的條件下進行的，這是史學的特性之一。更何況史學史研究的任務之一就是要努力揭示各個時代史學研究的時代特徵。嘉、隆兩代是明代歷史發展的轉折期，當時的史學發展也就自然是呈現鮮明的時代特徵。錢茂偉在〈論明中葉當代史研撰的勃興〉一文中，歸納嘉隆時期的史學特徵如下：

　　（一）資治意識特濃。由於嘉隆時期特定社會條件的影響，當代全史的撰作與時政有著千絲萬縷的關係，實用性很強。直接為時政服務，深為當時的讀者歡迎。（二）取材範圍狹窄。由於歷朝的實錄、檔案材料沒有開放，使本時期的撰史者不得不憑藉零星的歷史材料來寫史，也就是本時期史著的最大的特點，主要是依據野史、家史材料寫成的。（三）體裁全而又有所創新。從體裁上看，本時期史著有兩個特點：其一，各體裁皆有而以編年居多。中國傳統的三大史體，嘉隆時期的史家都用上了；其二，在史體上有一定的創新。〔註14〕

　　錢氏的觀察有其獨到的見解，不過也有一些傳統思考的盲點，如取材方面，本時期在實錄秘藏未開放的情況下，史家除了野史、家史外還用了很多官府的檔案，資料來源方面並不狹窄。

　　嘉隆間刊行的當代史有不同的體裁表現，大別有：a. 紀傳體，如：鄧元錫《明書》，是仿「後漢書」之體例，記事上起明太祖，下迄明世宗。鄭曉《吾學編》，記洪武至嘉靖各朝事蹟，是本期私修本朝史的代表作。b. 紀事本末體，如：高岱《鴻猷錄》，又名《皇明鴻猷錄》，仿紀事本末體，分六十事記敘明初至明中期兩百年間的歷史，謝賁《後鑒錄》，利用科題本等大量原始檔案材

〔註14〕錢茂偉，〈論明中葉當代史研撰的勃興〉，《江漢論壇》，1992，第八期。

料彙編成書。c. 編年體，[註15] 如：陳建《皇明通紀》，仿《資治通鑑》而作。
雷禮《大政記》，仿朱子《綱目》及本紀而作，以及薛應旂《憲章錄》。d. 創
新體，以雷禮《列卿記》為最顯著之例。全書以職官為經，以年表和行實為
緯，構成一個完整的體系。

　　嘉隆時期的當代全史還有兩個特色：1. 以正德末或嘉靖初做為斷限年
代，2. 引用雜史、筆記小說資料。以正德末或嘉靖初做為斷限年代的當代全
史至少有：鄭曉《吾學編》、鄧元錫《明書》、李默《孤樹裒談》、薛應旂，《憲
章錄》等。至於引用史料包含雜史、筆記小說資料，而且詳列引用書目者，
以李默《孤樹裒談》為代表，《孤》書是明代中期非常典型的私家野史，該書
前詳列引用書目，不但表示負責，而且也可以反映當時所能參考的史料，茲
詳列引用書目如下：

　1. 聖政記，宋濂撰
　2. 野　記，祝允明撰
　3. 瑣綴錄，尹直撰
　4. 水東日記，葉盛撰
　5. 立齋錄，宋端儀撰
　6. 革除遺事，黃佐撰
　7. 北征錄，金幼孜撰
　8. 餘冬稿，何孟春撰
　9. 雙溪雜記，王瓊撰
　10. 草木子餘錄，葉子奇撰
　11. 海涵萬象錄，黃潤玉撰
　12. 寓圃雜記，王錡撰
　13. 傳信錄
　14. 客座新聞，沈周撰
　15. 震澤長語，王鏊撰

　16. 保齋錄
　17. 天順日錄
　18. 出使錄，（北使錄，李實撰）
　19. 否泰錄，劉定之撰
　20. 三朝聖諭錄，楊士奇撰
　21. 菽園雜記，陸容撰
　22. 郊外農談，陸容撰
　23. 懷錄堂稿，李東陽撰
　24. 西湖塵談錄，姜南撰
　25. 篁墩文集，程敏政撰
　26. 龍飛集
　27. 燕對錄，李東陽撰
　28. 近代名臣錄
　29. 理學名臣錄

[註15] 同前註，如錢氏的說法，本時期的史著以編年體為大宗。從名稱上看，主要
　　　 可分為三個系列，1. 以陳建《通紀》為代表，仿《資治通鑑》而作。2. 以雷
　　　 禮《大政記》為代表，仿朱子《綱目》及本紀而來。3. 以薛應旂《憲章錄》
　　　 為代表。從形式上看，可劃成「通鑑式」和「綱目式」兩大類。

　　本時期的史學著作，通常不去對各種歷史文獻和來源可疑的記事甚至流言加以甄別。像鄭曉的《吾學編》、薛應旂的《憲章錄》，即部份基於地方文獻資料，部份基於傳聞不同的記述。例如，《吾學編》論述建文皇帝的史蹟，一方面說建文皇帝在宮殿中被燒死，但一方面又把他逃往四川、雲南和廣西，以及他後來再度出現的故事當成可能的事實加以補充。〔註16〕

　　本時期的當代全史除了在體例與資料上的特點外，就是當代史意識非常強烈，茲選擇重要的幾家論述如後。

陳建及《皇明資治通紀》

　　陳建，字廷肇，號清瀾，別署清瀾釣叟、粵濱逸史等。廣東東莞（今廣東東莞市）人。生於明孝宗弘治十年（1497），卒於穆宗隆慶元年（1567）。陳建一生，除在嘉靖十一年至十三年（1532～1534）做過地方小官外，其餘大部份時間都是在治學著述中度過，著述頗豐，是當時朱子學派的捍衛者。〔註17〕

　　據陳伯陶《重修東莞志稿‧陳建傳》引《寶翰堂藏書考》、《福建通志》、《粵大記》等文獻稱：「建貌寒素，人望而輕之，然性縝密，博聞強記，究心學術邪正之分及國家因革治亂之故。」〔註18〕概括了陳建爲人治學的一般特徵。《皇明資治通記》是陳建晚年的傾心之作，具見其經世之熱情。

　　《通紀》的敘事始于元至正十一年（1351），迄于明正德十六年（1521）。這可以說是當時條件下屬可能下延的年限了。原書分有前後兩編。前編題《皇明啓運錄》，先行刊刻。清末所修《東莞志》卷八十四《文志‧史部‧紀事本末類》著錄，并附有陳建原序。據原序稱，是書「始于後元至正辛卯紅巾之倡亂，而終于國朝洪武壬申（二十五年，1392），天下無事，功臣受封已畢，賜賚各還其鄉，首尾四十餘年。」後接受同鄉黃佐的勸說，念及自己「素性有癖焉，自少壯時，癖好博覽多識」，特別是致仕後，仍時刻不能忘懷國事，「每翻閱我朝制書，洎邇來諸名公所撰次諸凡數十餘種，積於胸中」，而王朝的興而及衰的歷史，往往又使得他「久久不能自制」，於是開始「時時拈筆書

〔註16〕 Frederick W. Mote and Denis Twitchett ed., The Cambrige History of China, Volume 7, The Ming Dynasty, 1368～1644, Part 1, Cambrige University Press, 1988 First Published. p.730.

〔註17〕 參閱鄭德熙，《明嘉靖年間朱子學派批判王學思想研究》，中國文化大學史學研究所博士論文，1990 年 6 月，頁 125～154。

〔註18〕 轉引自向南燕，〈陳建《皇明資治通紀》的編纂特點及影響〉，《史學史研究》，1993 年第一期，p48～56。

之，取其有資於治，可通爲鑒者，編年次之」，續完洪武以後，「下迄正德，凡八朝一百二十四年之事」，與先期刊刻的《皇明啓運錄》合爲一書，「並冠以《通紀》之名」而成全帙。〔註19〕

《通紀》是一部因時局危機刺激而撰述的歷史著作，經世致用的傾向很鮮明。陳建〈自序〉中，一再反復地申訴自己撰述《通紀》的心情，稱自己「嘗因閱世變尤有感焉」，亦云其「閱世變不能自己於懷」，亟欲將王朝由盛及衰的歷史事實昭告世人，使王朝的統治者在荒淫嬉稱中獲得警悟，使世人在升平歌舞的虛象中見到眞情，總結王朝的盛衰歷史，爲現實找出解弊救亡的藥方。

陳建強烈的經世實學思想深深地反映在《通紀》的體裁，雖然依準朱熹的《通鑒綱目》，但是實質卻與朱著「明正統，斥篡賊」、「立綱常，扶名教」的宗旨大相逕庭。不像《通鑒綱目》那樣，重在以「理」爲歸依，對歷史作出種種價值的判斷，而是繼承司馬光《資治通鑒》「截取國家盛衰，繫民休戚，善可爲法，惡可爲戒者」，〔註20〕鑒古察今，以資政治的史學傳統，以現實政治爲史學歸依，以王朝的政治興衰爲考察的主線，探究「國家因革治亂之故」。

《皇明資治通紀》是嘉隆時期私撰本朝史的先驅之作，明代與以往歷代史學不同，獨以當代史的撰述在史苑中枝繁葉茂，陳建開風氣之先，功不可沒。

《通紀》之前，明朝一直沒有一部系統的王朝史流行於世。當時，雖然以歷朝《實錄》爲國史，但是據陳建稱，其「皆織之蘭台石室，惟翰苑諸公僅僅見之，不傳于天下也」。至使「百餘年來，學士大夫，無敢及此者。」至於除《實錄》外的有關史著，據陳建開列，「亦有傳之者矣，如《大明會典》、《皇明政要》、《五倫書》、《開國功臣錄》、《殿閣詞林記》、《雙槐歲抄》、《餘冬序錄》、《二朝聖諭錄》、《天順日錄》、《名臣言行錄》、《經濟錄》、《守溪長語》、《孤樹裒談》」等，但是，「是諸書固已播之天下，但以各爲義例，散出無統」，使人「不能不詳於此而遺于彼」，造成「今學者艱於考實」的狀況。其中，如《五倫書》、《皇明政要》「二書主於分門類編，載聖祖之言行頗詳，而於戡定之功則略。」又如《開國功臣錄》、《名臣錄》「二書主於列傳，各著

〔註19〕《皇明資治通紀》自序，轉引自向燕南，〈陳建《皇明資治通紀》的編纂特點及影響〉，《史學史研究》，1993年第一期，p48～56。

〔註20〕司馬光，〈進《資治通鑑》表〉。

諸功臣之功，散漫無統，而於國家大政猶闕。」〔註21〕因此可以說，當時確實沒有一部系統簡明，主旨明確的王朝史。尤其是當時正值王朝由盛及衰的轉捩之點，而「今學者博亦有之，而通今殆鮮」的時期，就格外需要一部總結性的王朝史著，來結束「群集焚燕，考索惟艱」的狀況，進而探究「國家因革治亂之故」，「爲當也借前箸籌之，挽回祖宗之盛」。〔註22〕

《通紀》刊行後，由於該書「載錄近信，是非近公，文義近簡暢」，「世推直筆，以荀悅、李燾書例之。」很快在社會上廣泛流傳。此後，雖「皇明典故諸書第垂刻者數十種，而獨東莞公所輯《通紀》爲海內宗室」，至使當時「俗儒淺學」亦多「剽其略，以夸博洽」，成爲整個明代最爲流行暢銷的歷史著作之一，對於其後的知識界如瞿九思、李贄影響頗多。〔註23〕

因爲《通紀》在社會上造成廣泛的影響，而遭致朝廷的禁毀，隆慶年間，給事中李貴和曾上書要求穆宗「乞下禮部追焚原板，仍諭史館勿得採用。」立即受到穆宗稱許而演爲「焚《通紀》」事件，〔註24〕直到清修《四庫全書》時，仍列爲毀禁圖書的首位。

高岱及《鴻猶錄》

高岱，字伯宗，別號鹿坡居士，湖廣京山（今湖北京山）人。生於明正德年間，嘉靖十一年（1532）中舉，二十九年（1550）始成進士。入仕之前已有著述，此後，任刑部郎中，政務清閒，可以接觸許多歷史資料，遂悉心編著《鴻猶錄》。四十年（1561）春，由於和當權者嚴嵩父子不合，出爲景府長史，不久，病死於任所。

《鴻猶錄》，又名《皇明鴻猶錄》，16卷，寫成於嘉靖三十六年（1557）。因爲「歷代《實錄》藏諸石渠、天祿者，祕不可得見，惟是諸先臣之紀述傳誌，暨諸書疏案牘，無不參質考訂，後稍稍得要領。」〔註25〕仿紀事本末體，記敘明初至明中期兩百年間的歷史，分爲六十事，每事之後附有較長的史論，以總結軍政得失，頗具卓見。不僅就事而發，而且史論結合，可以看出高岱

〔註21〕《通紀・凡例》。
〔註22〕同註19。
〔註23〕參閱向燕南，〈陳建《皇明資治通紀》的編纂特點及影響〉，《史學史研究》，1993年第一期，p48～56。
〔註24〕沈德符，《萬曆野獲編》（臺北：偉文圖書出版社，1976年9月初版），卷二十五。
〔註25〕高岱，《鴻猷錄》（上海古籍出版社，1992年12月第一版），序言。

對本朝軍政大事之成敗得失和隱憂近患的分析是十分中肯透徹的。

高岱在本書序言中表達了他的當代史意識，云：

> 顧自思曰：孔子不說夏殷之禮，而願學宗周，遵時也。豈有身通仕
> 籍，而不知時政者乎。則取國朝往牒縱觀之。……我太祖之開創丕
> 基，我成祖之肅清內難，下及歷代之誅戮權姦、剪除盜賊、討伐蠻
> 夷。纍括二百年間，得其可紀者凡六十餘事，皆國家之重務，經略
> 之偉績也。第撰述非一人手，文辭不盡雅馴；或間見錯出，事始末
> 不備；其載在刑書者，又皆法家語，學士大夫不便覽觀也。乃以暇
> 日，稍論次，屬事比離，薙荒飾陋，勒成一家之言，命胥吏錄而爲
> 帙。〔註26〕

謝蕡及《後鑑錄》

謝蕡，字維盛，福建閩縣（今福建省福州市）人，正德十六（1521）年
進士，擢拔爲禮科給事中。嘉靖中，出任直隸太平府知府，未到任而卒。《後
鑑錄》是作者利用任職之便，將接觸到的刑科題本等大量的原始檔案材料彙
編成書，撰於嘉靖初年。主要記載明朝建立以來的政治事件、民亂等，所謂
「後鑑錄」者，依作者自序云，乃「錄前人之情罪，以爲後人所當鑑也」，他
希望「在上者，無偏聽之私；在下者，鑑覆轍之禍」，與高岱的《鴻猷錄》有
同樣的撰寫動機，可視做明初鑑戒史錄的延續。

《後鑑錄》的內容分強藩、逆豎、亂賊、奸黨、叛將、反夷和燕王起兵
等，編錄與記述了明代武宗朝所發生的幾起重要歷史事件及「靖難」始末。
即卷上的劉六劉七起義、安話王謀反、劉瑾被磔；卷中的寧王起兵、江彬伏
誅、哈密都督反叛；卷下的燕王起兵奪位。內容大都直接抄自刑部檔案材料，
其中包括犯人的招供、審處奏摺、皇帝詔旨等。

雷禮與鄭曉

雷禮與鄭曉是明代中期很重要的史家，兩人曾經「同在銓司，每政暇，彼
此輒以所撰述相質。」在著述上，兩人有互相切磋的習慣，其史學觀念必有相
互影響，時人對雷、鄭的評語是：「鄭曉熟當代典故，雷禮熟古代」〔註27〕

〔註26〕 同上註。

〔註27〕 L. Carrington Goodrich, and Chaoying Fang, ed. Dictionary of Ming Biography,
1368～1644（明代名人傳），New York and London: Columbia University Press,
1976, p.801。

　　雷禮在《吾學編》序中，明白指出史學的意義。雷氏認爲雖然立言爲三不朽之一，但是「言不足以明性道，紀典故」文學與理學層次的立言，皆不符孔子「刪述六經爲萬世標的」的理想：如「取楚騷、漢文、唐律而模擬之，求工於一字一句，以炫人而無補於世用，少知懲其弊者，又竊佛經上乘之旨，以附濂洛主靜工夫，而千言萬語終虧實踐。」只有「史」才能達到孔子的理想，尤其是對當代史的了解，更爲重要：「生逢聖世，當究心昭代典故，前修得失，庶取則不遠。」〔註28〕

　　鄭曉在銓司時，就已經開始選述《吾學編》，而且常與雷禮討論。「吾學編總目，自戊申年，……倣朱子綱目，以歲係月，各爲一紀。……」顯示鄭曉亦受朱子綱目之影響，雷禮看過《吾學編》總目的初稿後，「於予心若相契者」顯示二人的史學思想有相契之處，兩個人都肯定當代史的重要性。〔註29〕

李默與《孤樹裒談》

　　李默是明代中期史家的先行者，他所撰的《孤樹裒談》是明代前期歷史的總結性著作，對明代中晚期史學有很大的啓發。由於《孤樹裒談》向來只列入野史筆記之集成，不是正統的史學著作，所以不被重視討論；李默又非文學當道，知道的人並不多。李默因個性鯁介，不與嚴嵩集團妥協，被陷害，是明代中期很有名的冤獄，在當時引起士人很大的震撼，史家鄭曉便因爲「李默事件」，而將史稿焚燒，以避文禍。〔註30〕

　　李默，字時言，別號古沖。生於明孝宗弘治十二年（1499）四月十一日；卒於明世宗嘉靖三十七年（1558）正月二十三日，享年六十。正德十五年（1520）會試中式，第二年廷試賜進士第，被選爲翰林院庶吉士，從此踏仕途，李默的事業完全表現在嘉靖朝。

　　嘉靖七年（1528）李默調吏部文選司員外郎；陞職封司郎中。八年（1529）朝覲，四方諸司群吏都聚在闕下入白，吏部尙書桂萼令李默條上境內便宜，李默編輿地圖若干卷，凡天下山川險要、兵馬財賦及脩撰罷置之法，無不悉備。桂萼甚爲驚奇，親自作表上奏，皇上在文華殿親覽，大悅，出示輔臣，命以副本藏內閣，頗受器重。

〔註28〕雷禮，《吾學編》（明隆慶元年海鹽鄭氏刊本），序。
〔註29〕同上註。
〔註30〕彭夢祖，《鄭端簡文集》（明萬曆庚子（二十八）海鹽鄭氏家刊本）敍：「囊昔以懼累，畀火，存者未及什一。」

　　任吏部尚書時，「慎舉荐、抑奔競、秉公持正」，令部內諸司修明職當，凡銓敘流品皆親自判署，有事則宜接上奏，而在他之前吏部事必關白宰相，然後上奏。由於堅持原則不肯循往例向嚴嵩勢力低頭，與嚴嵩有隙，因張杲案而有罷官之禍。後因仇鸞被誅，皇上釋疑，很快就在第二年被世宗召回京師任原職，且眷注益隆。不過，嘉靖三十五年（1556）趙文華視師還朝自陳戰功，求為兵部尚書，李默不從。趙文華甚恨，於是挑部試題，指挖李默謗訕，密疏入奏，世宗，即命部院大臣參治，將李默收付錦衣獄，論置大辟。嗣後，李默雖在獄中上疏自訟，卻不及平反而卒。李默著有文集《群玉樓稿》，史籍《孤樹裒談》、《建安人物傳》、《朱子年譜》。

　　其中《孤樹裒談》是明代中期當代全史的代表作之一，書前詳列所引用書目的做法頗為創新，已如前述。不過，據王世貞《明野史彙》自撰小序文謂：「世所傳《孤樹裒談》，不知其人，或曰故太宰建寧公也。大要錄諸雜史，繫以廟代。」「又有《今獻彙言》、《皇明典故》，與《裒談》相出入，諸不入錄者甚夥。」〔註31〕可推知三項事實：

1. 《孤樹裒談》一書，到王世貞時代就「不知其人」，可見原作者的確有可疑之處。另外，也反映這部書雖不知作者，卻流傳甚廣。
2. 《孤樹裒談》，「大要錄諸雜史，繫以廟代」，亦即是野史作編年體。
3. 《今獻彙言》、《皇明典故》與《孤樹裒談》相關而相出入。

〔註31〕王世貞，《明野史彙》，小序。

第四章　明代後期的野史

第一節　官史修纂與明代野史的關係

「翰林院」始置於唐玄宗開元年間，本是文詞經學之士及卜祝僧道等待詔之所，其後逐漸演變成爲批答表疏，起草詔制的機關。翰林學士從文學侍從之臣，因逐漸參與軍政決策，而有內相之稱，位高而權重。〔註1〕明代承唐宋元之遺制，更有特殊發展，清華貴重，尤爲前代所無。

明代翰林院初置於吳元年（1367），曾數度更訂，至永樂初又改回洪武十八年（1385）之舊制而定制。其職掌包括侍從顧知制誥、經筵講學、參與考試、參與廷議、記注起居及編纂章奏、纂修史志、典藏圖籍等八大項。翰林院成員的品秩，依洪武十八年更定之制，自翰林學士正五品到檢討從七品，位高而職閒。〔註2〕翰林院純粹是用來儲養人才，不僅涵養聖賢之言、行，而且有閒暇接觸宮中秘藏的典籍，尤其在民間書刊流通尚非盛行時，得閱宮中秘藏是一種特權。劉儼云：

> 今之涵養，於官莫如翰林。所聞者聖賢之言，所習者聖賢之行，於
> 凡錢穀簿書之事，機械變詐之巧，一無所動於中，而其養純矣。故
> 前後自翰林出者，率非尋常可及。〔註3〕

〔註1〕參閱張治安，〈明代翰林院之組織及職掌〉，《國立政治大學學報》第三十二期。

〔註2〕丘濬曾引宋人言云：「宰相有責任之憂，神仙乏爵位之寵，既膺榮顯，又享清閒，惟學士然也。」証諸明代亦同。參見黃佐，《翰林記》（商務《叢書集成》本），卷十九，「學士榮選」條。

〔註3〕參見黃佐，《翰林記》，卷十九，「儲養人材」條。

翰林院不但是官員涵養之所，也是史官的養成單位。其實，中國自上古以來，稱掌文書贊治之官為史，而翰林院官員所掌即是皇帝秘書之職，難怪明清的翰林院官與史官幾乎為同義。〔註4〕翰林院本為皇帝秘書機構，演變到明清時代，則包含官史之編纂，清代翰林院學士因為是官史修纂的當然成員，一般自稱史官，可見翰林院與官史修纂的關係密切。

明初的官史修纂，最主要的是《元史》及《大明日曆》，參與者僅是例行公事，僅有的撰史意願也被文字獄嚇阻，因此官史修撰工作與野史撰作的直接關連極為有限，已如前述，嘉隆以後才逐漸顯現這種關聯。尤其萬曆年間的兩項官方史學工程，一項是重修《大明會典》，一項是陳于陛負責主持纂修的「國朝正史」，不但培養了一批史學工作者，也帶動私人修撰本朝國史的風潮，對明朝史學發展有轉變性的意義。

《大明會典》是明孝宗認為有必要「輯累朝之法令，定一代之章程」，於是，於弘治十年（1497）三月，敕閣臣徐溥纂修，十五年（1502）完成，但未刊行。武宗即位後，又命大學士楊廷和重校，於正德六年（1511）正式頒布，稱《正德會典》，180卷。它仿《唐六典》、《元典章》體例，記述了明初到弘治時的行政法典。嘉靖年間，命閣臣霍韜續修，續自弘治壬戌（十五年），迄嘉靖己酉（二十八年），成《續修大明會典》53卷，未頒行。萬曆四年（1576）由神宗下令重修，到萬曆十五年（1587）完成，共228卷，比前修的《明會典》增加了正德至萬曆間的事例。「凡史志所未詳，此皆具始末，足以備後來之考證。」這幾次重修工程是明代中期很重要的官史學活動，很多掌故筆記都提到這件事，與培育史官人材當有必然關係。〔註5〕

「國朝正史」的計劃是在萬曆二十一年（1593）九月四日由陳于陛上疏提出的。〔註6〕次年八月丁未，開館纂修，〔註7〕但是，萬曆二十四年（1596）陳于陛病死，所完成的稿子，又因隔年六月癸未宮中三大殿發生火災而燒毀，修史工作被迫叫停。〔註8〕參加這次修史活動的主要人員，至少在百人以上，

〔註4〕 丘濬云：「八柄詔於冢宰，內史復掌以詔王。蓋史官，公論之所出，爵祿廢置殺生予奪之柄有所不公，直以筆之。」，參見黃佐，《翰林記》，卷一，「職掌」條。

〔註5〕 朱國楨，《湧幢小品》，卷二，〈大明會典〉條；沈德符，《萬曆野獲編》（臺北：偉文圖書出版社，1976年9月初版）卷一，〈重脩會典〉。

〔註6〕 《神宗實錄（中）》，卷二六四，頁1。

〔註7〕 《神宗實錄（中）》，卷二七六，頁2。

〔註8〕 宮中起火，對於修史有所影響，是有可能的。但是，修一部史書耗資有限，

其中有不少著名的史學家，如余繼登、焦竑、馮琦、董其昌等。〔註9〕

　　陳于陛在建議修史的奏書中對於萬曆以前的明代史書及史料有一個相當詳實的掌握，其文云：

　　　　實錄有聖德之總敘，寶訓皆列盛之淵猷，此外，有御製文集，有《聖政記》、有《皇明詔訓》及諸家所編如《大政記》、《昭代典則》、《孤樹裒談》、《憲章》、《鴻猷錄》之類，參以《三朝聖諭錄》、《前後北征錄》、《天順日錄》、《燕對》、《宣召》、《視草》、《宸章》等錄更加采輯藻潤即可以爲列聖大紀。帝系宗譜有《玉牒》，分侯紹封有《兵曹底簿》、《封爵考》，參以《吾學編》同姓、異姓、王侯、内閣、典銓諸表及《列卿表》之類，更加考訂增益，即可以爲累朝年表，制書如《一統志》、官制《大明令律例》、《大明集禮》、《洪武禮制》、《明倫大典》之類，諸司列布者如《宗藩軍政條例》、《會計錄》、《太倉考》、《漕河圖志》、《海運編》、太學馬政鹽法志之類；四方形勢如《廣輿圖》、《九邊圖說》、《星搓勝覽》、《瀛涯勝覽》、《炎徼紀聞》、《殊域周咨錄》之類，折衷以實錄、會典所記載，參以《衍義補》、《名臣經濟錄》、疏議諸書，《吾學編》中天文、地理、三禮、百官、四夷、北虜諸考述，即可以爲國家諸大志，實錄中有后妃事蹟，廷臣自三品以上有小傳，益以開國、靖難功臣錄、《群忠備遺錄》、《明臣言行錄》、《名臣紀》、《獻實》、《殿閣詞林記》、《琬琰錄》、《今獻備遺》之類，其諸高逸孝節等目，更采摭於郡國志，即可以爲國史之列傳。〔註10〕

　　當火災之後，修史活動竟至不能繼續進行，當有另外的原因。李小林所撰〈明萬曆年間的修撰「國史」活動〉（《南開學報》，1991年第六期），引談遷《國榷》卷八十，頁4966，萬曆三十四年十一月，禮科給事中汪若霖一個關於修史的奏疏，說明這個原因云：「大學士陳于陛請成正史，條劃甚明，奏旨編研，業有端緒。而于陛既歿，同列害成，遂使九重懿軌，棄於半塗。」

〔註9〕　《神宗實錄（中）》，卷二七一，頁8，二月甲辰，纂修正史的官職名單如下：「以禮部尚書陳于陛、南京禮部尚書沈一貫、詹事劉虞、少詹事馮琦充副總裁官、禮部尚書羅萬化、吏部右侍郎盛訥、禮部左侍郎范謙、劉元震、右侍郎孫繼皋、少詹事曾朝節、陸可教兼充副總裁官、左庶子余繼登、右諭德蕭良有、洗馬李廷機、右允允劉應秋、修撰唐文獻、焦竑、編修郭德溥、郭正域、黃汝良、全天敘、吳道南、黃輝、莊天合、董其昌，簡討王圖、蕭雲舉、區大相、周如砥、林堯俞充纂修官。」

〔註10〕　《明神宗實錄》卷二六四，頁2～3。

此外，嘉靖至萬曆有兩次重錄各朝實錄的工作，一次是嘉靖十三年至十五年（1534～1536），世宗建皇史宬，下令重錄實錄。一次是萬曆十六年（1588）神宗令將實錄重錄爲小型本。這兩次重錄工作，使實錄資料因學者得以私抄而輾轉流入民間。官方史料大量流入民間，最大的意義是刺激了私修本朝史的風潮，提供了撰史者徵實參考，使野史由傳聞進而有官史核實的水準。

明朝歷朝實錄纂修完成後，謄錄正副二本，其底稿則於擇日進呈之前，史官會同司禮監官於太液池旁椒園焚毀，以示禁密。〔註11〕正本藏內府，副本藏內閣。嘉靖十三年（1534）始建皇史宬貯之金匱石室，外人不可得見。每一帝山陵，修實錄時，必取前朝實錄副本爲參校。〔註12〕因副本藏內閣，故閣臣史官均得私抄，流布於外，如鄭曉、王世貞等均家有實錄，即其著例也。〔註13〕萬曆十六年（1588）皇上索累朝實錄進覽，閣臣申時行因建請重新謄寫。

明代北翰林是編纂歷朝實錄的地方，檔案如山積，盡是原始資料，尤其申時行當國時，命諸學士校讎實錄，學士始於館中謄出，攜歸私第，轉相抄錄，遍及台省。因此，官史的修纂工程培育了一批專業史家，這些史家一方面因爲得環境之便，得以接觸官方史料；一方面磨鍊出史家基本的技術。所以有很多翰林院學士一旦退休返鄉，就用餘生整理所收集的資料，或撰作史書，或直接編成雜記刊行。撰作出很有價值的野史，尤其在萬曆陳于陛的「國朝正史」計劃之後，出現很多掌故筆記及野史跟它有關，我們可以稱做「轉述史學」，即是內藤氏所謂的「新掌故學」。如：余繼恩的《典故紀聞》、張萱的《西園聞見錄》、王世貞的《弇山堂別集》、朱國楨的《史概》等。

另外，《紀錄彙編》之編輯受到陳于陛「國朝正史」的影響，是一個明顯的例子，據其書前陳于廷序言云：

> 余猶憶在公車時，大學士玉壘陳公上言，國家志化翔洽，歷聖經緯，若日月之麗天，而無正史以垂一代之典謨，存百年之故實，何以彰懿樹軌，信往昭來。請詔儒臣開局纂修。書奏報可，業以次第發大

〔註11〕參閱吳晗，《讀史箚記》（北京：生活讀書，1969年）〈記明實錄〉，頁180。

〔註12〕顧炎武，《顧亭林文集》（臺北：漢京文化事業有限公司，1984年3月初版）五，〈書潘吳二子事〉云：「先朝之史，皆天子之大臣與侍從之官，承命爲之，而世莫得見。其藏書之所曰皇史宬。每一帝崩修實錄，則請前一朝之書出之，以相對勘，非是莫得見者。」

〔註13〕同註11，頁231。

內之祕，并令四方具以軼書進，諸儒臣亦搜羅辨證，屬事櫽辭，緜
緜有端緒矣。會有所中格，輒報罷，而有識者每抱古今之慨。〔註14〕

第二節　新掌故史學的發展

本時期的野史較注重史實的考核，內藤虎次郎稱這種轉變是以實錄為本
位的「新掌故學」，以有別於前期「有野史之風」的掌故學。野史作品大致有
三大類，一是掌故筆記，除了自身見聞以外，最大的特色是轉述或轉抄官方
資料，朝政典故，如余繼登《典故紀聞》、王世貞《弇州史料》、沈德符《萬
曆野獲編》等。二是記實作品，記錄親歷的戰爭見證。三是當代全史。承接
嘉隆時期的全史撰作風潮而發展到極致，著名的作品如朱國楨《皇明史概》、
尹守衡《史竊》等等。重要的野史作者有謝肇淛、沈德符、顧起元、徐復祚、
李日華、姚士璘、錢士升、范濂、董其昌、張溥、張采、談遷、陳繼儒。

一、掌故筆記

宋代以來，官書就不限止民間傳抄，以故明代私人編撰當代史，編纂史
料，在數量上極為可觀，《明史・藝文志》著錄的明人史部，就已達 1316 部，
總計 2805 卷，而遺漏者尚多。明代後期由於《實錄》資料的外流，邸報的刊
行，所以野史筆記明顯地從隨手札記，道聽塗說，不加考核，朝採據《實錄》、
邸報為主，注重考核，比較嚴肅的方向發展，相當程度影響了野史筆記的內
容。筆記除了傳抄官書外，也有很多信而有徵、親見耳聞的當代第一手史料。
張萱《西園聞見錄》是以其在《實錄》中所摘抄的《西園日抄》、《西園識小
錄》與各著名學者、官員的著作和奏疏相結合考證纂輯而成。又如朱長祚的
《玉鏡新譚》，在錄用奏章時，「字字俱從邸報郵傳，不敢竄易一字以欺人。」
〔註 15〕焦竑的《國朝獻徵錄》、《國史經籍志》是陳于陛「國朝正史」的副產
品。王世貞的《弇州史料》100 卷，《弇山堂別集》100 卷，王氏將永樂時期
因修太祖實錄而湮滅的有關太祖、建文兩朝的一些史實加以考證，記述下來，
在許多方面可補《實錄》之不足。

本時期野史筆記在發展上有一個值得注意的特點，是將內容加以分類，

〔註14〕《紀錄彙編》陳于廷序，頁4。
〔註15〕朱長祚，《玉鏡新譚》（北京：中華書局，1989年9月第一版）凡例第三條。

近於類書。野史筆記中，雜述許多日常生活經濟、科技……等資料，也是特色。上至天文，下至地理，例如：人物、時令、宮室、器用、身體、衣服、音樂、游戲、書法、繪畫、舞蹈、氣功、體育、鬥雞、儀制、珍寶、文史、鳥獸、草木……，包羅萬象，有如百科全書。這些龐雜的內容，一般都不分類，謝肇淛《五雜俎》特意分做天、地、人、物、事五部。這是野史筆記發展出來的特有的新體制，把野史的內容具體呈現。與此相應的著作是王圻《三才圖會》、章潢的《圖書編》。

沈德符《萬曆野獲編》34 卷，內容包括明代歷朝史蹟，而以萬曆時期為主，分門別類，條理井然，所載史料豐富而且有根據，朱彝尊認為是最有價值的私史。《野獲編》的分類更加細，列舉如下：

列朝（卷一、二）宮闈、宗藩、公主、勳戚、內監、內閣、詞林、吏部、戶部、河漕、禮部、科場禁衛、佞倖、督撫、司道、府縣、士人山人、婦女妓女、畿輔、外郡、風俗、技藝、評論、著述、詞曲、玩具、諧謔、嗤鄙、釋道、神仙、果報、徵夢、鬼怪、機祥、叛賊、土司、外國。

本時期野史的題材與篇幅比前期擴大，嚴從簡的《殊域周咨錄》（1574）是一著例，內容包括域外事實及遊記、地理，分四部份敘述；第一部份是朝鮮、日本和琉球；第二部份是蒙古人、兀良哈人和汝真（女真）人；第三部份是西藏和中亞；第四部份是海外的安南、爪哇、滿剌加、三佛齊、柬埔寨和佛郎機。內容除了描述不同民族的制度和習俗外，還增加了簡短的詞彙彙編。

此外，本時期著名的綜合型野史筆記簡單介紹其特色如後：

1. 朱國楨《湧幢小品》

《湧幢小品》計 32 卷，多達 1400 條的隨筆，因為朱氏曾為內閣首輔，得以利用宮中秘籍，所以對於明末社會、經濟的記述，非常珍貴。《四庫全書總目提要》僅列入存目，對其評價仍有保留云：「是書雜記見聞，亦間有考證，其是非不甚失宜，在明季說部之中，猶為質實。而貪多務得，使蕉穡汩沒其菁英，轉有沙中金屑之憾。」〔註16〕本書前的提要，推崇該書是「海內學子及收藏家，無不知有其書者，蓋筆記中傑作也。」另外，〈湧幢小品自敘〉是一篇很重要的野史系統的文字，已如緒論中論述過。

〔註16〕《四庫》卷一二七，頁 2685。

2. 何良俊《四友齋叢說》

《四友齋叢說》計 38 卷，分爲經、史、雜記、子、釋道、文、詩、書畫、求志、崇訓、尊生、娛老、正俗、考文、詞曲、續史等 17 類，有許多直接見證的部份，如庚申南京兵變、倭患。從書中參考引用的書名，可知諸書在當時流行狀況及文人交游的旨趣，提供很多當代學術史、思想脈絡，以及了解明代文人生活面貌的珍貴史料。

3. 張瀚《松窗夢語》

張瀚，字子文，號元洲，浙江仁和（今杭州市）人。嘉靖十四年（1535）進士，曾官工部、刑部部曹，盧州、大名等知府，巡撫陝西，總督漕運、兩廣軍務，萬曆元年（1573），由於首相張居正的奧援，從南京工部尚書轉任吏部尚書。其後，因不肯附和張居正的「奪情」之舉，而受到排擠，被勒令致仕。回杭州原籍家居十八年，萬曆二十三年（1595）卒，年八十三。

《松窗夢語》是張瀚晚年追憶一生見聞經歷之作，全書共八卷，分爲三十三紀，其中〈宦遊紀〉是作者自記歷官期間的做爲；〈南遊〉、〈北遊〉、〈東遊〉、〈西遊〉四紀記宦遊所歷之地的風物與人情；〈北虜紀〉及〈西番紀〉專述明朝與西北邊境少數民族的關係；〈東倭紀〉記倭寇之患的始末；〈南夷紀〉記明朝使臣從中山國（今日本琉球群島）回來後所述的見聞；〈三農〉、〈百工〉、〈商賈〉三紀概述當時農、工、商各業的現狀；〈銓部紀〉和〈漕運紀〉分別記明代官吏銓選制度和漕運制度的沿革及其敗壞的情況；〈宗藩紀〉記的是明朝對宗室防範的嚴密以及宗祿支出日益增多對國家財政造成的嚴重問題；〈兩粵紀〉記對兩廣地區所謂「山寇」、「海寇」的勦撫史事；此外，〈士人紀〉記作者所崇拜的幾個浙江籍士大夫的事跡；〈盛遇紀〉記科第佳話，〈時序〉、〈風俗〉兩紀記閭里習俗，至於〈花木〉、〈鳥獸〉兩紀記種植豢養動植物的閒情逸致；〈先世紀〉稱頌祖德，〈自省紀〉自錄考語，〈象緯〉、〈堪輿〉、〈祥瑞〉、〈災異〉、〈方術〉、〈異聞〉、〈夢寐〉等紀則語涉志怪荒誕，可以從中窺見當時士大夫心理狀況的某些側面。

4. 李詡《戒庵老人漫筆》

李詡，字厚德，自號戒庵老人，江陰縣（今江蘇屬縣）人。生於明弘治十八年（1505），卒於萬曆二十一年（1593）。一生坎坷不遇，七試場屋均落第。以後淡於仕進，居家以讀書著述而自適。著述流傳下來的只有《戒庵老人漫筆》。《戒庵老人漫筆》是李詡晚年的筆記，於萬曆二十五年（1597）初

刻。本書的寫成據李如一序云：

> 蚤歲課業必紀，已稍稍旁及奇聞異見，晚乃紀歲月陰晴、里干人事。
> 每於披閱所得，目前所傳，感愴所至，無論篇章繁簡，意合興到，
> 隨筆簡端。〔註17〕

由於作者歷世既久，見聞較廣，讀書亦富，書中所記內容，涉及面極廣，可以概括爲如下三個方面：一是關於明代的有關典章制度和一些人物行實的記載；一是關於前代典故及遺聞軼事可補史傳之未備者；一是辨析一些學術上有紛爭的問題。

5. 余繼登《典故紀聞》

余繼登，字世用，交河（今河北省屬縣）人。萬曆五年（1577）進士，累官至禮部尚書，曾與修《明會典》，也曾充任陳于陛「國史計劃」的副總裁，故熟悉列朝實錄和起居注，《典故紀聞》即是摘錄實錄和起居注的材料編成的。書中所記涉及明代制度的各個方面，卷一至卷五記明太祖朝史，卷六至卷七爲明成祖朝事，卷八至卷十爲仁宗和宣宗朝事，卷十一至卷十三爲英宗、代宗朝事，卷十四至卷十六爲憲宗、孝宗、武宗朝事，卷十七爲世宗朝事，卷十八爲穆宗朝事。

6. 顧起元《客座贅語》

顧起元，字太初，一作璘初、鄰初，號遯園居士，江寧（今江蘇省南京市）人。生於世宗嘉靖四十四年（1565），卒於思宗崇禎元年（1628）。神宗萬曆二十六年（1598）會試第一人，由編修累官國子監祭酒、吏部左侍郎兼翰林院侍讀學士，號稱清修自尚，學識淵博，著作精覈，留心桑梓文獻。

《客座贅語》所記內容皆爲南京故實及諸雜事。如卷一轉運兌軍長運、米價條，卷二南京水陸諸路、運船、力征、賦役、雜賦諸條，均爲有關明代中後期經濟及賦役制度之史料。又如卷三前面諸條，語及南京六部職官及選舉事，爲典章制度方面的史料。

顧起元與當時文人學士交往甚多，其所記述之藝林掌故逸事皆屬親見親聞，頗有價值。南京曾爲六朝故都，顧起元以地方文獻及金石資料考證其山陵水道、宮闕遺址、寺觀舊跡，亦頗有價值。

7. 焦竑《焦氏筆乘》

〔註17〕李詡，《戒庵老人漫筆》（北京：中華書局，1982年2月第一版）李如一序。

　　焦竑，字弱侯，又字從吾，號澹園，亦稱漪園，生於明嘉靖十九年（1540），卒於泰昌元年（1620），原籍山東日照縣，祖上在明初以軍功封副千戶，隸籍南京旗手衛，遂世為南京人。焦竑自幼慧敏好學，泰州學派的學者羅汝芳、耿定向都是他的老師，對他有一定程度的影響。焦竑在仕途上卻不順遂，嘉靖四十三年（1564）二十四歲中舉，萬曆十七年（1589）四十歲中了狀元，任翰林院修撰，遷升東宮講讀官。其間，曾參與陳于陛的「國史計劃」，「國史」雖未修成，焦竑卻以撰史的材料另外編成《國朝獻徵錄》一百二十卷，《國史經籍志》六卷。萬曆二十五年（1597），焦竑任順天府鄉試副主考，遭流言彈劾貶官，外放為福寧州同知，次年又被降級，只有棄官家居，日與摯友講學論文，著書立說，到了七十歲還一度出任南京國子監司業。

　　焦竑是明代古文一大家，以博洽無所不通而著名，「博極群書，自經史至稗官、雜說，無不淹貫」，學問涵蓋經學、史學、文學、哲學，以及宗教、博物、典章制度、金石文字、目錄版本等各方面。焦竑又是一位藏書家，據親眼見過焦竑藏書的澹生堂主人描繪，焦竑「藏書兩樓，五楹俱滿」，「一一皆經校讎，尤人所難」。

　　《焦氏筆乘》是焦竑讀書和講學的筆記，最早的刻本在萬曆八年（1580）刻成。正、續兩集共十四卷上千條的內容包括：一是古史記載的正誤，二是名物制度的考證敘述，三是文章詞賦詩歌的欣賞品評，四是古今人物的臧否，五是師友言論、事蹟的記敘，六是時事的記載，七是儒家經典的解釋及老莊、釋典教義的闡述，八是古今文字音義的考證，九是目錄版本學的研究。此外，還有古代醫方的撮錄、金陵鄉邦人物、地方文獻的輯證等等。

8. 李樂《見聞雜記》

　　李樂，字彥和，別號臨川，浙江桐鄉人。生卒年約是 1531～1618，橫跨嘉靖、隆慶、萬曆三朝。壽命長，見聞廣，所以他所著的《見聞雜記》內容豐富，具有一定程度的歷史價值，頗值得研究。

　　《見聞雜記》一書是作者的所見所聞，據書首小引李樂自云：「雜紀者，時有先後，爵有崇卑，事有鉅細，皆不暇詳訂次第。特據所見所聞書之爾。」另外，包含雲間董漸川先生所輯的《古今粹言》及鄭端簡公的《今言》，李樂說：「二書命名雖異，其有關於世教非小，一也」。平日就愛不釋手，「奚容有所取捨其間……自七秩以後，目力漸昏，苦於遍閱，乃即生平所樂而者，節取百餘條以供晚歲溫習」，李樂又謙虛地說：「乃不佞妄有所著，雖當略及時

事，然非淪於鄙瑣，即涉於憤激，自知罪不可逭，第以刊本太薄，故合二先生之言，併爲一帙。敢云僭附二先生之後，以狗尾續貂也哉。」〔註18〕其實李樂是太謙虛了，《見聞雜記》一書共十一卷，而只有卷一是抄錄董漸川的《古今粹言》及鄭端簡的《今言》，《古今粹言》以悟玄保嗇、達生景行分類，《今言》則「自洪武以至嘉靖文獻大要具矣。」

和其他的明代雜記作者一樣，大都希望所記之事「有關世教」，以《見聞雜記》的作者李樂書前小引曰：

> 先輩有言，文章不關世教，雖工無益，旨哉言也。本朝人文至嘉隆間而最盛，然於世教，未知皆能有關乎否？〔註19〕

又據須之彥序言云：

> 昔人謂文章關乎氣運，制作本乎心術。隆盛衰之故，居可睹已。顧江何之趨，既不可挽，山川之變，究且日甚，世道互喪，文行交譏，殆不知所終，則今日之記載蓋難之矣。……間及時事與風俗惡薄，則怠沈淋漓，至爲墮淚，蓋其素所積固然。故其刪定見聞雜記，非裨益身心及關係世教者不錄……。因竊窺先生之所筆於書者，皆其體備於躬而不怒於禮義者，乃其不詭於著述也。先生之所紀見聞，眞氣節道學之言，所稱根乎心術者。……先生有焉一絲而繫千鈞之重，所關世運非淺勘矣，污隆盛衰之際，不能不三致慨云。〔註20〕

可見在嘉隆人文鼎盛之餘，有另一批人有警覺，所撰作，都以「關乎世教」爲目標，這些撰作就是不拘文句形式體裁之工整與否，據實記載時事與風俗雜聞，明代筆記小記就是在這種情況下發展的。

9. 謝肇淛（1567～1624）（明史鄭善夫傳附見）

謝肇淛，字在杭，號武林，福建福州府長樂縣人。父親汝韶幼年聰穎，外祖父徐昂，福州人，是詩人徐熥、徐㷸的父親。

肇淛自幼好觀史書，尤其喜談亂離戰爭之事。十三、四歲（約1580）時福建莆田林桃恩在閩中著《三教會編》，謝氏深不以爲然，遂爲文關之。詩興尤爲敏捷，閩人中士稱爲奇才。萬曆十六年（1588）舉於鄉，次年北上京師下第歸。二十年（1592）中進士，同科有陳懿典、韓爌、鄧原兵、曹于汴、

〔註18〕李樂，《見聞雜記》（上海：古籍出版社，1986年6月第一版）書首小引。
〔註19〕同上註。
〔註20〕《見聞雜記》，須之彥序。

李日華、袁宏道等人。於三十四年（1606）八月回閩省親，在鄉與徐㶿等結
「紅雲社」相約「六勿」。泰昌元年（1620）浙黨方從哲主閣，藉京察將東林
黨人逐出京師。謝也因此被調出爲雲南左參政，自此浮沈外僚終身。次年任
廣西按察使，再兩年遷廣西右布政使，尋晉左布政使。又次年大計北上行至
江西萍鄉，卒於官舍。

　　謝家富藏書，有名於時。子草離手抄本勤於購書、抄書、讀書、尤嗜著
書。和大多明人士子一樣，謝肇淛有濃厚的當代意識，關心時局，記錄聞見，
每官一地，必徵集文獻，著述不輟。謝氏一生，出入經史百家，尤耽於史籍，
見識超凡，凡事窮討本源，於孔孟經世之意體會甚深。「聖人之談道，皆欲行
於世也。」對於宋代理學家一味務虛言、廢實用，深表不滿，但認爲「宋儒
若明道，晦庵皆用世之眞才也。」謝氏最重要的史著是《五雜組》，記載存留
許多當代史料，《文海披沙》則偶涉明代事。

萬曆、崇禎間掌故筆記

1580	余　寅	宦曆漫記	1601	余繼登	典故紀聞
	陳　槐	聞見漫錄	1605	朱元弼	猶及編
1589	崔嘉祥	鳴吾紀事	1606	焦　竑	焦氏筆乘
1593	張　瀚	松窗夢語	1606	丁爲荐	西山日記
1592	姚士璘	見只編	1610	周玄暐	涇林續紀
1590	王世貞	弇山堂別集	1610	周　暉	金陵瑣事
1585	王世貞	觚不觚錄	1613	于愼行	穀山筆塵
1580	王世貞	鳳洲筆記	1616	李日華	味永軒日記
	王世貞	王氏筭記	1617	顧起元	客座贅語
	王世貞	短長語	1618	焦　竑	玉堂叢語
	王世貞	宛委餘編	1619	沈德符	野獲編
	王世貞	史乘考誤	1620	徐復祚	花當閣筆叢
1593	沈　榜	宛署雜記	1621	朱國禎	湧幢小品
1593	范　濂	雲間據目鈔	1632	張　萱	西園聞見錄
1600	陳繼儒	眉公見聞錄	1638	劉若愚	酌中志
1600	趙善政	賓退錄	1644	吳應箕	留都見聞錄
1600	蕭良翰	拙齋筆記	1644	金　懷	板橋雜記
1600	謝肇淛	五雜組			

二、記實史學

本時期的記實史學有個特點是，除了如前期的隨軍記錄或出使記實外，有關時事論爭如東林黨爭及明末流寇的記實作品特別多。謝國楨氏的《增訂晚明史籍考》卷四、卷五是黨社，卷六、卷七是農民起義。有關東林黨爭的記實作品已經具備現代傳播媒體的功能，也是值得注意的發展，這些作品甚至扮演政治鬥爭的工具角色，相當程度地增強野史學的現實意義。

邸抄或塘報是一種在各大都市和各省政府部門中流傳的包括命令和報導在內的政府公報資料。這種公報直到明代中葉以後，才成為一種經常的制度。它起初是以手抄本流傳，1628 年以後以活字版印刷，清朝採用了這個制度，稱為京報。明代史家有一些懂得搜集邸報做為史料來撰史，顧炎武就是利用這種資料來做學問，史稱「公移邸抄」。另外，王世貞、黃宗羲等人也是喜歡搜集和收藏邸報。謝肇淛《五雜俎》卷 13 上說：「王元美先生藏書最富，三典之外，尚有三萬餘，其它即墓銘、朝報積之如山。」〔註21〕

明代一般官吏、文人也喜歡搜集邸報，在他們的筆記、日記和文集裡面，經常引用邸報報導過的消息，作為他們闡述、論證某種觀點和看法的證據，或者作為奇聞軼事而記錄下來。〔註22〕因此轉述邸報材料也是本時期野史筆記的特色之一。

本時期有關黨社、民變的記實作品（選自謝國楨《增訂晚明史籍考》）

吳 玄	吾徵錄	黃景昉	宦夢錄四卷
佚名氏	媚璫雜記	陸夢龍	陸忠烈梃擊實錄一卷
金日升	頌天臚筆二十四卷	張 潑	庚申紀事一卷
佚名氏	快世忠言不分卷三冊	金日升	誅逆爰書一卷
蔡士順	同時尚論錄十六卷	孫慎行	思卹諸公志略二卷
吳 嶽	清流摘鏡六卷	吳應箕	熹朝忠節死臣列傳一卷
朱長祚	玉鏡新譚十卷	孫承宗	二十五忠詩一卷
姚宗典	存是錄一卷	張世偉	周史部記事一卷
姚宗典	門戶志略一卷	金日升	開讀傳信一卷
顧 苓	三朝大議錄一卷	孫奇逢	乙丙紀事一卷

〔註21〕謝肇淛，《五雜俎》（臺北：偉文圖書出版社，1977 年 4 月第一版）卷十三。
〔註22〕有關邸鈔與史學的關係，尹韻公，《中國明代新聞傳播史》（重慶出版社，1990年 8 月第一版）第三章略有論及，並舉數條史料印證，可參閱。

楊廷樞	全吳記略一卷	周　鍾、楊維斗	國表小品
蔡士順	李仲達被逮紀略一卷	潘　凱	復社或問一卷
吳應箕	東林本末三卷	戴　笠	懷陵流寇始終錄十八
魏應嘉	夥壞封疆錄一卷		附錄二卷
岳和聲、虞廷陞	天鑒錄一卷	元　默	剿賊圖記一卷
吳應箕	復社姓氏一卷	邊大綬	虎口餘生記一卷
吳應箕、陳貞慧	南都防亂公揭一卷	高　謙	中州戰略一卷
張　溥	七錄齋集六卷	張道濬	從戎始末一卷
王光經	丙寅紀事一卷		兵燹瑣記一卷
郭正域	楚事妖書始末一卷	李光壂	守汴日志一卷
蘇茂相	定亂記略一冊	白　愚	汴圍濕襟錄一卷
蘇茂相	除妖公案	周在浚	大梁城守記一卷
鹿善繼	同難錄	高斗樞	存漢錄
徐　治	定讞兵略	戴　笠	甲申剩事一卷
徐如珂	攻渝紀事一卷	戴　笠	將亡妖孽一卷
徐始珂	攻渝諸將小傳一卷	沈荀蔚	蜀難敘略一卷
	附望雲樓稿一卷	朱燮光	蜀事記略一卷
徐從治	徐忠烈公集四卷	余瑞紫	流賊張獻忠陷廬州記一卷
徐學聚	瑠鑑四卷	沈常存	流寇陷巢記一卷
吳麟徵	黨鑑四卷	吳世濟	太和縣禦寇始末二卷
徐鳳彩	幾社壬申文選二十卷	蔣　臣	桐變日錄一卷
劉　虞	漆室葵忱	王一中	平妖集四卷
吳駿聲	闆宮始枕一卷	李　珍	水西紀略一卷
朱　賡	妖書始末一卷	徐如珂	攻渝諸將小傳一卷
蔡獻臣	妖書紀事一卷		附望雲樓稿一卷
	儀曹存稿一卷	徐如珂	攻渝紀事一卷
沈　裕	妖書事蹟一卷	文震孟	念陽徐公定蜀記一卷
李日宣	枚卜始末一卷	虞山逸民	平蜀紀事一卷
李茂才	三案記一卷	馬士英	永城紀略一卷
侯岐曾	丙丁雜志	程　峋	壬午平海紀二卷
姜	精眉山論二卷	李世熊	寇變紀一卷
鄒期福	東林諸諸賢言行錄五卷		寇變後紀一卷
阮大鋮	蝗蝻錄		附寨堡紀堡城紀一卷
吳	復社同人姓氏一冊	謝重華	甲申南社鄉寇變紀略一卷

三、當代全史的新發展

本時期的當代全史的發展比前期更蓬勃，茲以《皇明嘉隆兩朝聞見紀》為例說明之。前期的當代史都是以武宗正德為結束，而嘉隆兩朝又是明朝的**轉變期**，非常具有歷史參考價值，所以本時期有繼續之作，作者撰史的動機如是云：

> 累朝寶訓實錄，藏之秘府，世鮮得窺，即朝野之間，不無私記，然未有萃渙於一，編年紀之者。紀之自東莞陳建始而以蕪穢見黜；嗣是刻傳於世者：薛憲副應旂則有憲章錄；王司寇世貞則有國朝紀要；若鄭瑞簡公曉之吾學編，例從遷固諸史，乃大政一記，僅提綱領而未節目；高長史岱之皇明獻紀，體依通鑑紀事本末，各詳一事，而不記歲年。

> 然率皆起高廟迄武廟止，而世、穆二廟概未有錄焉。世載既久，耳目易湮，先大夫志存經史，學勤專洽。身受國家之恩，官叨柱下之史，目擊兩朝盛際，凡有聽睹，靡不記錄，未獲成書，齎志而歿。朝生也晚，僅讀父書，而不得探金匱石室之藏及百司掌故之府。每欲編次，無從考信。客歲大比，始於書肆，見光州吳司訓瑞登《兩朝憲章錄》；范守己《肅皇大紀》。於是以先大夫之紀錄，取徵於二書，又本二書書之紀庫，旁採於他牒，參互訂證，錄而藏之篋中。蓋將以異日國史之出，為考正記耳。

> 自分蕪讀寡味，念在關疑文，惟傳舊私評僭議，毫髮以大道之世，公論昭然，無容置喙，知我罪我，固無由也。夫馬遷談之，劉歆校向之書，朝非其人也，而竊有志焉，以故忘僭妄，竭力編摹，……庶幾不負明時，械樸作人之盛化云爾。〔註23〕

據朱之蕃撰〈刻兩朝聞見錄題辭〉云：

> 學侈博洽而閒于當世之故，其以語于識時務，達國體，遠矣。〔註24〕

可見當時人的當代史意識之濃厚。該序言又稱讚該書云：

> 夫子稽古文獻並重，則又非徒史之難，而人足傳信之難。先臣御史越，以直道事肅皇帝，朝稱敢言，鄉推者德。述所聞見，貽範來茲。其體既典核周詳；其詞亦雅馴簡直。信野史之良。足備廟堂之採擇

〔註23〕沈朝陽，《皇明嘉隆兩朝聞見紀》，明萬曆己亥（1599）江東沈氏原刊本，序。

〔註24〕同上書，朱之蕃，〈刻兩朝聞見錄題辭〉。

者也。〔註25〕

另外，《皇明嘉隆兩朝聞見紀》敘云：

夫稗官野記，自古有之，第事濊猥鄙，則大雅之難；詞尚藻繪，則
傳信之，此三長四患，良史所為兢兢也。〔註26〕

可以想見當時人對野史的意見不排斥。

《皇明嘉隆聞見紀》採據書目如下

1. 明倫大典
2. 欽明大獄錄
3. 吾學編，鄭曉著
4. 皇明鴻猷錄，高岱著
5. 憲章錄，薛應旂著
6. 國朝紀要，王世貞著
7. 兩朝憲章錄，吳瑞登著
8. 肅皇大紀，范守己著
9. 皇明異典述盛事述，王世貞著
10. 史乘考誤，王世貞著
11. 憲章類編，勞堪著
12. 皇明名臣類苑
13. 桂洲奏議，夏言著
14. 胡端敏奏議，胡世寧著
15. 南宮奏議，嚴嵩著
16. 關陝奏議，劉天和著
17. 議處安南疏稿，毛伯溫著
18. 督府奏疏，劉天和著
19. 渭崖疏要
20. 撫夷節略，王守仁著
21. 安夏錄，劉天和著
22. 西虹疏草，司馬泰著
23. 按陝馬政，沈越著
24. 清查京衛冗食奏疏，沈越著
25. 皇明經濟錄
26. 皇明疏議類抄
27. 兩朝疏抄
28. 嘉隆疏抄
29. 雲中撫平錄，樊繼祖著
30. 湖北民隱錄
31. 汪少泉疏稿，汪宗伊著
32. 抑齋疏草，楊允繩著
33. 馮南江行誼錄，馮恩錄
34. 南宮奏牘，高拱著
35. 新河集，朱衡著
36. 應天府新志
37. 湖廣通志
38. 功臣封爵錄
39. 名臣言行錄

〔註25〕同上註。
〔註26〕同註23。

從這一份採據書目可以知道本書史料來源包含了官方檔案、奏疏、野史、方志、言行錄等，在實錄未普遍公開之前，已是難能可貴，不能用正史的標準忽略其價值。

四、傳記集與經世文

編纂名人、名臣事略，宋元以來已盛，明代續其風。明代人上自帝王，下至一般地方人士；從編纂歷代名人傳到本朝名人傳記集、名臣言行錄，作品極為豐富、龐雜，值得重視。

中國的正史中，以列傳占最大篇幅，基於留名意識及懲惡勸善的要求，這些傳記的主要目的是對死者表示尊敬並對他們的一生下結論。明代的傳記作品也負有這個目的，有其社會功能，尼維森用「社會傳記」這個詞來形容墓誌銘或墓表、神道、碑文和其他類以紀念性的文字。〔註27〕當然不必期望從這種中國特質的傳記作品中，對死者的人品和成就有批評性的評價。但是，這些傳記確實包含了傳主最基本和最詳細的傳記資料，由於是在死後不久寫的，所根據的是當時可以得到的最好的資料，一般也是最可靠的資料，其中最出名的合集是焦竑《國朝獻徵錄》。

明初因政治需要，編撰《相鑑》、《臣戒錄》等書，希望從歷史人物的事蹟中，尋求可資鑒戒者，其著書目的，以教化實用政治多於史學的角度。因此，這些作品的「歷史味」就少了一些，談不上什麼歷史意識。另外，如夏原吉等撰《昭鑑錄簡略》、宣宗編《歷代臣鑑》、解縉等撰《古今列女傳》，已在第三章略有提及。

明代撰作刊行的傳記集，有以鄉黨名人為範圍者，有明學術脈絡師門淵源者，有對於時人言行札記，專為一類，更成了「名臣言行錄」者。其中「名臣言行錄」可以說是魏晉《世說新語》的變體，何良俊的《何氏語林》就表明是沿襲東晉裴啓《語林》的名稱和南朝宋劉義慶《世說新語》的編例所編成的一部專記人事的筆記小說，可說是《世說新語》的續編。全書上起兩漢，下迄宋元，計二千七百餘條。《四庫提要》稱本書：「雖未能抗駕臨川，並驅千古，要其語有根柢，終非明人小說所可比也。」〔註28〕「名臣言行錄」的

〔註27〕 David S. Nivison, "Aspects of traditional Chinese biography," JAS, 21, No. 4（1962），pp.459.

〔註28〕 《四庫提要》，頁2938。另外，可參閱王能憲，《世說新語研究》，江蘇古籍出

出現，絕非偶然，它是文人生活發展到極精緻的產物，是全然人文主義的發揚，這種發展與魏晉時代個人意識覺醒有極相似的地方。〔註29〕明人的筆記除了記錄掌故時事外，也常有一些生活瑣事的記載或自述，反映明人生活的面貌，比一般傳記更真實，有正史列傳中所缺少的人味。一些生活記錄、簡單言行札記，在在可以反映一個人的個性。另外，有焦竑《國朝獻征錄》、李贄《續藏書》等，詳目列於參考書目中。

　　經世文編是輯錄當代人議論政事得失的文章於一編的一種書，舉凡論著、奏議、尺牘、雜文，皆在收載之列。經世文編之體形成於明代。其中最早的，有萬表的《皇明經濟文錄》（1554），下限到嘉靖初年。另外，如陳九德的《明名臣經濟錄》、陳其愫《明經濟文集》等。其中最全面的要數陳子龍等人的《皇明經世文編》（1638）。該書所收文章，涉及了禮儀、宗廟、職官、國史、兵餉、邊防、農事、水利、財政、鹽法、稅課、役法、彈劾、諫諍等數十方面，共有三千一百四十五篇，文章的作者達四百三十人。經世文編之體於明代形成後，由於既有現實作用，又有留存價值，所以馬上變成一種流行的體例，為後世所繼承發展。〔註30〕

本時期當代史著作

1578	勞堪	皇明憲章類編，42卷。		1596	支大倫	皇明永陵編年信史，4卷。
1579	鄭汝璧	皇明帝后紀略，1卷。		1599	沈越	皇明嘉隆兩朝聞見錄，12卷。
1582	范守己	皇明肅皇外史，46卷。				
1609	黃鳳翔	嘉靖大政類編		1600	黃光昇	昭代典則，28卷。
1632	朱國禎	皇明史概，120卷。		1602	雷禮	皇明大政記，25卷。
1634	尹守衡	明史竊，105卷。		1605	卜世昌	皇明通紀前編，14卷。
1640	何喬遠	名山藏		1615	涂山	明政統宗
1594	吳瑞登	兩朝憲章錄，20卷。		1619	譚希思	明大政纂要

版社，1992年。

〔註29〕參閱逯耀東，〈魏晉別傳的時代性格〉，《中央研究院國際漢學會論文集》，1981年。

〔註30〕清代所編的經世文編體有賀長齡《皇朝經世文編》、張鵬飛編《皇朝經世文編補》、饒玉成編《皇朝經世文續編》、葛士浚編《皇朝經世文續編》、盛康編《皇朝經世文續編》、邵之棠編《皇朝經世文統編》、陳中倚《皇朝經世文三編》、何良棟《皇朝經世文四編》、求是齋《皇朝經世文五編》、麥仲華《皇朝經世文新編》、甘韓《皇朝經世文新編續編》等。民國時期有經世文社編譯部編的《民國經世文編》。

1627	沈國元	皇明通紀從信錄，40 卷。	1626	顧秉謙	三朝要典
	沈國元	兩朝從信錄	1583	項篤壽	聖朝路紀，8 卷。
1633	許重熙	嘉靖以來注略，14 卷。	1636	徐昌治	昭代芳摹
	朱睦㮮	聖典			
	陳棟如	皇明四大法			
	陳仁錫	皇明世法錄			

本時期傳記集（據《明史‧藝文志》選列）

名臣傳記

不著撰人	諸王會要，明初
黃　金	皇明開國功臣錄，32 卷，正德二年
楊　廉	新刊皇明名臣言行錄，嘉靖 20 年
	附：近代名臣言行錄，徐咸
楊廉、徐咸續	皇明名臣言行錄，王宗沐外，嘉靖 32 年
徐　竑	皇明名臣琬琰錄，嘉靖 30 年，後集，續錄
徐　咸	皇明名臣言行錄，前集，後集，嘉靖 28 年
袁　袞	皇明獻寶
唐　樞	國琛集，嘉靖
尹　直	南宋名臣言行錄，弘治刊
雷　禮	國朝列卿記
雷　禮	內閣行實
王世貞	嘉靖以來內閣首輔傳
朱大韶	皇明名臣墓銘
項篤壽	今獻備遺，萬曆 11
鄭汝璧	皇明同姓諸王表，萬曆間
鄭汝璧	明帝后紀略，萬曆 7
鄭汝璧	皇明功臣封爵考，附典例，萬曆 7
唐鶴徵	皇明輔世編，崇禎 15
郭子章	聖門人物志，萬曆 23
朱謀瑋	蕃獻記，萬曆 23
潘京南	衡門晤語

劉廷元	國朝名臣言行略
何出光	蘭臺法鑒錄，萬曆 25
劉孟雷	聖朝名世考，萬曆
凌迪知	國朝名世類苑
王世貞	名卿續紀
焦　竑	國朝獻徵錄
李　贄	續藏書
過廷訓	本朝分省人物考

學術師承傳記

謝　鐸	伊洛淵源續錄，嘉靖
程敏政	宋遺民錄
程敏政	程氏貽範集
宋端儀	考亭淵源錄
楊　廉	伊洛淵源錄，新增

地區、家傳

鄭　濤	浦江鄭氏旌義編，洪武 11 年
禮　遺	吳中往哲記續記，弘治 18 年
陳鎬、楊循吉	闕里誌，13 卷
祝允明	成化間蘇材小纂，4 卷
顧　璘	國寶新編，嘉靖 16
都　穆	吳下冢墓遺文續編
方　鵬	崑山人物誌，嘉靖間
葉　夔	毘陵人品記，萬曆 46
劉　鳳	續吳先賢讚，萬曆
朱　睦	皇朝中州人物志，隆慶 2
鄭　岳	蒲陽文獻，萬曆 44
張獻翼	吳中人物志 13 卷，隆慶
馮時可	寶善編　甲集、乙集，選刻，萬曆
馮復京	明常熟先賢事略

戚　雄	檇李往哲列傳
何三畏	雲間志略，天啓 3
過庭訓	聖學嫡派，萬曆 41
文震孟	姑蘇名賢小紀，萬曆末
張大復	吳郡張大復先明人列傳稿
沈朝陽	闕里書，崇禎

其　他

廖道南	殿閣詞林記，嘉靖 31
不著撰人	禮科給事中籍錄，嘉靖
何　鏜	高奇往事，萬曆間
楊應詔	閩南道學源流，嘉靖 43
鄭　燭	濟美錄，嘉靖 14
	碩輔寶鑑
江學詩	景行錄，隆萬間
蔡國熙	守令懿範，隆慶 4
喬懋敬	古今廉鑑，萬曆 6
徐元太	全史吏鑑，萬曆 28
黃姬水	貧士傳
魏顯國	歷代相臣傳，萬曆 34
魏顯國	歷代守令傳，萬曆 34
張朝瑞	孔門傳道錄，萬曆 26
張朝瑞	皇明貢舉考，萬曆 26
張朝瑞	南國賢書
馮從吾	元儒考略
汪廷訥	人鏡陽然，萬曆 28
吳震元	奇女子傳，明末
沈夢熊	歷代相業考，附皇明軍功考，天啓 3
陳禹謨	人物概，萬曆
賀仲軾	可恨人，附人義，不義人，明末
張大復	梅花草堂集，明刊本
郭凝之	孝友傳，崇禎

第三節　野史叢書的刊印

　　明代由於刻書業的發達，不但個人文集的刊行成風，還流行刊印大部頭的叢書，野史筆記發展到明代中葉，已經累積到一定的數量，於是有野史叢書的刊印，成為明代野史學的一項特色。明代野史從前期零星掌故筆記，到中期集筆記撰成當代全史，到進一步輯錄掌故筆記、野史著作，刊印野史叢書，這種發展軌跡隱然可見，本節即論述這種發展。

　　叢書是彙集許多種重要著作，依一定的原則、體例編輯的書。〔註31〕刊印叢書可以讓零星的著述，以集體的形式流傳於世，供諸讀者，是保存史料最有效的方式之一。謝國楨氏云：「蓋零圭片羽，搜求甚難，而彙集眾長，彙為一編，故傳播自易也。」〔註32〕中國最早刊刻的綜合性叢書，當推宋俞鼎孫、宋俞經輯的《儒學警悟》，只是《儒》書久不傳世，所以前人每以南宋左圭的《百川學海》為叢書的鼻祖。〔註33〕左氏百川學海而後，刊刻叢書之內接踵而起，迄乎明代著錄尤繁。

　　明代藏書無不喜刻書，若陽山顧氏之《文房小說》、程榮之《漢魏叢書》、陳繼儒之《祕笈》。明代刊刻叢書可分二類：一宗《百川學海》，一宗《說郛》。前一類係廣集眾說，蔚為一集，或容納百家，或採取子史，搜奇愛博，闡微彰幽，以原書形式刊印，如朱當㴐編，鄧士龍重編的《國朝典故》、陸楫的《古今說海》、商濬的《稗海》、吳琯的《古今逸史》、陳繼儒的《寶顏堂祕笈六編》、毛鳳苞的《津逮秘書》、及胡文煥的《格致叢書》等。後一類則以刪節原內容刊印，如陶珽編的《續說郛》、馮可賓編的《廣百川學海》。〔註34〕

　　明代編印野史叢書的風氣應從嘉靖間袁褧編《金聲玉振集》開始。袁褧

〔註31〕上海圖書館編，《中國叢書綜錄》（上海古籍出版社，1986 年 2 月第一版），前言。叢書的源起，學者說法不一。參閱劉尚恒，《古籍叢書概說》（上海古籍出版社出版，1989 年 12 月初版），頁 5。又據謝國楨氏，《明清筆記談叢》（上海古籍出版社，1981 年 3 月新一版），頁 202，言，「余則以為叢書之名，蓋由類書演變而成者。」固然類書與叢書有一個共同的特點，都是取材於眾書，且內容龐雜，但是，前者多有特定的編纂體例，或以分類，或以韻目，或以字頭部首，或以字頭筆劃，以便人們按圖索驥地檢索、查找，屬工具書；而後者無此編纂體例，屬普通閱讀書。因此要說二者有演變上的關係，實在需要進一步論證。

〔註32〕謝國楨，《明清筆記談叢》（上海古籍出版社，1981 年 3 月新一版），頁 202。

〔註33〕劉尚恒，《古籍叢書概說》，上海古籍出版社出版，1989 年 12 月初版。頁 9。

〔註34〕同註31。

是蘇州文苑的藏書家,《金》集分皇覽、征討、紀亂、組繡、紀變、考文、叢聚、水衡、撰述等系列,包括了明代中前期的野史筆記作品。〔註35〕顧元慶編的《顧氏明朝四十家小說》除了宋朝盧襄撰《西征記》、石茂良撰《避戎夜話》、俞文豹撰《清夜錄》及元朝徐顯撰《稗史集傳》外,也都是明代中前期的野史筆記作品。〔註36〕陸楫的《古今說海》分說選部(小錄家、偏記家)、說淵部(別傳家)、說略部(雜記家)、說纂部(逸事家、散錄家、雜纂家),包含的作品就比較廣,明代野史只是其中的一部份。〔註37〕高鳴鳳輯的《今獻彙言》都是明代野史筆記。〔註38〕王完編的《丘陵學山》及《百陵學山》只有少數屬野史筆記,其餘大部份是明代人的子部雜說著作。〔註39〕

　　萬曆年間有更多的野史叢書,較具代表性的有沈節甫編的《紀錄彙編》、李栻編的《歷代小史》、李如一編的《藏說小萃》、不著編人的《稗乘》及陳繼儒編的《寶顏堂秘笈》等,首先介紹居於明代野史學發展里程碑的《紀錄彙編》。

　　《紀錄彙編》的編者沈節甫(1533～1601),字以安,號錦宇,耐庵居士,太樸主人,諡端靖,浙江烏程人。嘉靖三十七年(1558)中舉,翌年中進士。先是進禮部任職,因反對道士在朝為官,與高拱意不合,所以於隆慶元年(1567)藉口因病退休。隆慶四年(1570)受召再入宮,因高拱仍在朝,所以婉拒出任官職。待高於隆慶六年(1572)被罷逐後,沈才再回通政司。萬曆五年(1577)轉南京通政司,次年再度退休。沈節甫,留下一份自己藏書樓的書目曰《玉元易樓書目》2卷,及兩部叢書《(國朝)紀錄彙編》和《(先正)由醇錄》。《紀錄彙編》共 216 卷,萬曆四十五年(1617)首次為江西陳于廷刊刻。《紀錄彙編》之編輯是受到陳于陛「國朝正史」的影響,據其書前陳于廷序言云:

> 余猶憶在公車時,大學士玉壘陳公上言,國家志化翔洽,歷聖經緯,若日月之麗天,而無正史以垂一代之典謨,存百年之故實,何以彰懿樹軌,信往昭來。請詔儒臣開局纂修。書奏報可,業以次第發大內之秘,并令四方具以軼書進,諸儒臣亦搜羅辨證,屬事櫽辭,駴

〔註35〕詳細書目如附錄二。
〔註36〕詳細書目如附錄三。
〔註37〕詳細書目如附錄四。
〔註38〕詳細書目如附錄五。
〔註39〕詳細書目如附錄六。

駁有端緒矣。會有所中格，輒報罷，而有識者每抱古今之慨。〔註40〕

《紀錄彙編》所採輯者均是嘉靖以前明代君臣雜記，據卷首陽羨陳于廷序云：

> 頃余按部之暇，得睹沈司空所衷輯《紀錄彙編》若干種，雖稗官野
> 史之流，然皆識大識小之事，上之足以斧藻皇猷，勵揚帝業；次之
> 足以襃忠昭美，誅諛懲奸；即下之而為莞爾塵談者，亦不乏毅然狐
> 史。因亟登梓，以廣同好。〔註41〕

從《紀錄彙編》凡例所表現的編輯理念，可以一窺其廣闊多元的史學觀點。凡
例開宗明義云：「正史整而多隱，野史傲而易誣」，說明編輯者並非不知道野史
的極限，但也對正史採取保留的看法。陳于廷在序言中陳述野史之必要云：

> 夫明時之著作宜公盛世之興情貴暢往往有簪筆補袞之臣。所惜體而
> 不敢言，山林隱逸之士，乃直筆而無所諱者則即此互異可合大同。
>
> 〔註42〕

接著舉例說明合野史，以求史實：

> 是以革除遺事與奉天靖難並觀，則伏節與育祤運之趣參自見。否泰
> 錄與復辟錄互考，則禦虜與奪門之功罪自明。視朝餘錄與雙溪雜記
> 相考，則寧藩之護衛誰復，臥榻遺言與內閣首臣傳類閱，則顧命之
> 付托誰承。諸如此類，不嫌並陳錄其事，而義自著亦當世得失之林
> 也。〔註43〕

是編所纂輯的野史包括「或在交戰而譚日月之際，或當戰場而究風雲之變，
或扈從而述羈曳之勞，或遠使而誇滇渤之勝。」這些野史記錄都是「局中人
道局中事，睹記不爽，歲時可稽，雖世在傳聞，瞭若指掌，持以參互，庶可
正訛。」〔註44〕其詳細內如下：

　　卷一至九，為明太祖至世宗之御製詩文，「重王言也」。

　　卷十至十五，記君臣問對及恩遇諸事。

　　卷十六至二十三，英宗北狩、景帝監國之事也。

　　卷二十四、五，世宗南巡往返之紀也。

　　卷二十六至三十四，則太祖、成祖平定諸方之錄。

〔註40〕　《紀錄彙編》陳于廷序，頁4。

〔註41〕　同上註。

〔註42〕　同上註。

〔註43〕　同上註。

〔註44〕　《紀錄彙編》凡例，頁1。

卷三十五至五十六，則中葉以來綏定四夷之績。

卷五十七至六十六，則巡視諸藩國者之見聞。

卷六十七至九十六，則明代諸帝政治之記載。

卷九十七至一百二十三，則名臣賢士科第人物之傳記。

卷一百二十四以下，或時賢之筆記，或朝野之遺聞，或遊賞之日記，或摘抄，或漫錄，或志怪異，或垂格言，要皆足以廣見聞而怡心目也。〔註45〕

凡例又述及收錄諸書的原則云：

> 著述之家原非一法，紀載之體亦復多方，有得則書，不資分別，朝野錯出，雅俗並陳。或一書而前後筆削頓殊，或一事而彼此開載互異，非分品目，難以屢臚，故總而列之云耳。〔註46〕

明代人熱衷編印野史叢書不能不說他們對野史的重視，除前述《紀錄彙編》所表達的觀念外，陳文燭〈刻歷代小史序〉也提出野史的必要性，可以看做是明代人重視野史的一種代表性意見。陳氏以為即使是號稱良史的左丘明與司馬遷「何嘗專憑魯國方策之遺，止紬石室金匱之藏而不謀諸野哉？」野史材料如「虞初稗官之談、山林澤藪之論，淑以昭勸，慝以示懲，有足多焉，況諸家之表表者乎？」〔註47〕

陳繼儒是明末的博學家與藏書家，他所輯印的《寶顏堂秘笈》卷帙龐雜，可說是明代的野史筆記大觀。全輯分正集、續集、廣集、普集、彙集、秘集等。除當代野史外，也有子部雜說。繼儒自言。「余得古書，校過付鈔，鈔後復校，校過付刻，刻後復校，校過即印，印後復校。」所刊之書，雖多刪節，不免為通人所斥，然名篇秘冊所在皆有。〔註48〕

當時編輯野史叢書，不必然有什麼嚴肅的史學動機，有些甚至只是純書賈的行為，從他們編選的書目看來，或許沒有什麼史學意識的聯繫，不必過度強調它們的學術意義。但是，既是蔚然成風，就顯示出一定程度的時代意義。不論是僅止於保存文獻的零星搜集，或是大規模的編纂成書，都反映了當時人普遍的歷史意識，而且提供了當時史家採擇史料的有利條件，今天看來，便是值得注視的一種歷史現象。

〔註45〕詳細書目如附錄七。

〔註46〕《紀錄彙編》凡例，頁3。

〔註47〕陳文燭〈刻歷代小史序〉，上海涵芬樓影印明刊本。

〔註48〕詳細書目如附錄八。

第五章　明代野史的特色與地位

第一節　明代野史的特色

　　總的來看，中國史學傳統表現出「史家風骨的崢嶸、史料徵存之豐富、修史制度之健全，尊史觀念之濃厚」；〔註1〕而分別來看，各個階段的史學表現又有其不同的特色。一時代的史學，往往受到時代變化所制約。也就是說，什麼樣的時代會激發出什麼樣的史學特色。

　　明代，尤其在中葉以後，由於王學平等主義的流佈，使個人意識覺醒，加上商品經濟的發展，社會生活富饒了，整個社會有了新的形勢，文化上呈現新的風貌。在這樣的時代背景推促下，史學也有異於傳統的發展，官史不彰是朝廷政治廢弛使然，而野史充斥，則有其時代背景。如果說唐代是官史的時代，則明代可以說是野史的時代。但是誠如緒論中所述，在大部份的中國史學史著作中都只有浮泛粗略的敘述，而且往往用「官史不彰，野史充斥」簡單的說法來貶低明代史學的價值，認為明代是中國古代史學發展的「衰老時期」，〔註2〕很容易讓人忽視明代史學整體的表現。其實，當我們放寬角度

〔註1〕 杜維運、黃進興編，《中國史學史論文選集一》序，臺北：華世出版社，1979年10月二刷。

〔註2〕 高國抗，《中國古代史學史概要》（廣東高等教育出版社，1985年8月第一版）頁3，有云：「自明至清，是中國古代史學遲緩發展的階段，從總的趨勢看，是封建史學進入了它的衰老時期。」又，姜勝利，〈明代野史述論〉，（南開大學學報，1987（二））亦稱「明代史學處于中國古代史學發展的衰落時期，歷有明三百年間，既沒產生著名史家史著，也沒有創新型史書體裁，致使後世每論及明代史學皆云其無可稱述。其實，明代史學也非一片空白，野史空前興盛就是其大放異彩之處。」

—99—

來正視明代史學，可以發現它反映了很多特色，例如考據學發皇、體裁多元化、地方志拓展，還有像祝允明、李贄等人對歷史人、事多元的看法，以傳統的史學觀點來看，可能是一無是處，而以今天的史學觀點，卻是史學進步的表徵，值得好好提出來討論。

傳統「正史」的方式顯然無法滿足明代人的歷史意識，因爲，從內容來說，明代野史的題材超越了正史的範疇，尤其是正史志書的範疇，不只是做爲官僚們的作官指南，〔註3〕而有社會、經濟、文學、民俗等；從形式來說，明代野史的體裁除了傳統的紀傳體、紀事本末體、編年體外，還有記實作品、筆記小說、野史集成等。本文是將明代野史學當成一個文本（text）來重新探討明代史學的特質，即透過眾多野史著作的內容與形式來認識明代人的歷史意識，也就是說，明代人是以什麼方式與內容來記錄他們的存在。

仔細歸納，明代野史作品所表現的特色有如下諸端：

一、脫離經學價值觀

中國傳統政治理想是透過「教化」，達成社會和諧，教育是爲了「致治」的手段，而一切文化作爲都是教育，同時也是「致治」的途徑。歷史是意識形態形塑的最主要途徑，當然不能免於爲政治服務。西方漢學家白樂日說中國的歷史是當官的爲當官的人寫的，寫的人與讀的人之間有共同的利益與默契，因爲他們受過相同的教育、有共同的關係網絡、有同樣的想法、愛好和志趣。他更進一步分析指出，歷史是官僚政治實踐的指南，尤其，正史志書的內容全是官僚們必備的知識。〔註4〕一針見血地指出中國歷史書的泛政治化。

中國儒家的教育理想是讓知識份子完成「誠意、正心、格物、致知、修身、齊家、治國、平天下」的一貫價值。這一套價值就是經學價值，被官方吸收，成爲中國學者立身處世的根本原則。「學而優則仕」是共有的理念。「學」只是「仕」的手段、過程，「仕」才是終極目的，只有「仕」才能完成知識份子的社會責任及人生意義，所謂「己立而立人，己達而達人」由獨善其身到兼善天下，溶入「大我」。范仲淹「先天下之憂而憂，後天下之樂而樂」的使命感就從此而生。能夠了解這種士子情懷，才能了解中國學術受到經學價值支配的本質。

〔註3〕 Etienne Balazs. Chinese Civilization and Bureaucracy. Yale University, Fourth printing, November 1968. p.135.

〔註4〕 同上註。

　　嚴格說，中國學術只有「經學」，其他史、子、集其實都是經學的附庸，依經學而存在。所以，經、史或經、文之辨，都是多餘的，其差別只是對經學的依存度的高低，依存度越低就越不正統，離經叛道。中國史學雖云早已脫離經學，自立門戶，但是不曾免於經學的支配。〔註5〕歷史的功用在詮釋經學道統，方便做思想統制，使道統「一以貫之」。《史通自敘》，就指明史學具有「上窮王道，下掞人倫，總括萬殊，包吞千有」〔註6〕的社會功能，便是「史以載道」的典型說法。總之，中國史學著作向來擺脫不了「人倫」與「王道」的框框。

　　明代的野史作者不必像史官一樣，去呼應「聖君賢相」的理想，而美化歷史，或寄託自己的美夢，然後用美夢來教化自己，（像貞觀時代的史官們）。〔註7〕雖然野史筆記仍脫離不了政治化的束縛，在各書序言中都強調其內容「關乎世教」；那些記錄掌故史實的作品，也是希望能做為當官者的參考。但是比起前述唐床以來的史學發展，明代的野史筆記是對經學依存度最低，離正統目的較遠，較具獨立性的作品。它們大部份不是在印證某種規律或真理，只是記錄而已。因為沒有特定的目的，使野史筆記保留了真實的空間。

二、史學體例的突破

　　現代科技的發展，突破了語言學研究的許多傳統束縛，使語言研究成為揭示人類精神奧秘的鑰匙，語言被視為人類文化的基礎和創造手段。語言學的研究全面推動了人類學、心理學、社會學、哲學、文學及美學的發展，當然也向歷史學研究提出挑戰，取代歷史學，成為二十世紀突出的社會科學。語言學研究給西方思想界帶來革命，認為歷史是諸多「敘述」結構之一。〔註8〕歷史學

〔註5〕趙鐵寒與王德毅合寫的〈二十世紀中國史學的發展〉引論中說，自康梁時代，中國歷史學剛剛脫離了它的幾千年的老主人——經學，才開始學步，開始自立門戶。趙氏認為這個解放的過程，是從浙東學述開始的，即章實齋的「六經皆史」的觀念。其重要性在打破「道在六經」的抽象性、反歷史的觀念，而把「道」看做是由歷史來展現過程的產物。參閱李弘祺，〈漫論近代中國史學的發展與意義……附論從筆記、箚記到社會史〉，《食貨》復刊十：9，1980年12月。

〔註6〕劉知幾，《史通自敘》。

〔註7〕〔英〕崔瑞德編（中譯本），《劍橋中國隋唐史》（中國社會科學出版社，1990年12月第一版）頁191。

〔註8〕按照結構主義的說法，歷史只是某種語言結構的形式，與文學、戲劇、哲學同樣。而同樣是歷史，只是體裁——即語言結構的形式——不同，並無高低之分。史學、文學、藝術都是一種語言（符號）的結構，結構是一種意識形

那一層高貴的面紗被語言學給掀開，不再唯我獨尊了。經此革命，西方歷史學視野更寬廣，歷史理論更紮實；中國傳統歷史學則仍然無法超越，一直被視為意識形態的化身。緊守不放，甚至供奉崇拜。

中國史書所謂體例，可以說是一種語言的敘述結構，從編年體、紀傳體到紀事本末體等體裁，無不是企圖透過文字敘述包含更多的史實。從《春秋》、《史記》到《通鑑》，我們都在討論其體例承載歷史的功能，亦同時關心它們是否會因義理而影響歷史真實，或因文詞修飾而歪曲歷史。因為受到經學意識支配的結果，經過編排的史實，可能不自覺地為義理服務，而有違實錄精神。質言之，體例本身就是一種意識形態。

本來「述故事，整齊其世傳」呈現史實是史家的本職，而史家的義理，所謂史識、史學、史才等專長蘊含其中。但是，當史學本身僵化成一種形式時，史學工作只為義理而存在，便迷失了原來追求史實的目的，因為過度講求體例，本身就是傷害事實的手段。反而是那些不為歷史目的而撰作的野史有更多的價值，因為它們記載下的零碎事實比較真確。

體例多元化是明代野史的特色，例如：紀傳體、紀事本末體、編年體、史論、史考、筆記等等，其中筆記體最為突出。筆記是一種自由的文體，它的承載量、包容力非常的大，可以包含小品文、詩論、語錄、自述、及史文。筆記是記錄時代風貌最直接、方便的工具，隨筆記錄的野史筆記不必牽就體例，反而可以保留更多的真實。借用結構主義理論來看，因為任何體例都是一種結構，太多人為的因素，個別的歷史元素，反而是歷史的正統，斷續不連的史事反而是歷史最寶貴的部份。野史從這個角度來看，或許有其意義，因為其所記載瑣碎，卻是真實，而歷史就是由這些「真實」重組而成的。

態，意識型態改變，結構就跟著改變。因此，傳統史學對於不同體裁有不同的評價，甚至只認定其中一種為正史，其餘是野史，這是一種不了解歷史本質的偏見。歷史著述形式的演變，反映歷史意識的轉變，無需一味地貴古賤今。西方從法國大革命到第二次世界大戰結束，整個思想界瀰漫著歷史主義的思潮。人們認為任何事物的本質都可以經由事物發展的過程加以瞭解，任何事物的價值也可以由其本身的歷史來判斷。歷史取代了宗教與哲學的地位，被視為人文科學的基礎。二次大戰後，歷史主義逐漸衰微。在客觀環境方面，是因為大戰的鉅變、經濟大恐慌、工業、社會、政治瞬息萬變，使人們很難相信歷史主義的強調的連續性。在知識建構方面，用歷史方法建構的知識不夠客觀，無法建立通則，涵蓋一切知識；而且，人們也體認到歷史本身是一客觀、動態的事實並無任何意義，歷史意義指涉的是超越事實背後的目的。因此，歷史學研究產生很大的變革，人們用新的思考模式去認知歷史。

　　當然，掌故筆記也有其局限性。掌故筆記只能對個別的人事、掌故做紀錄或短評，雖有其記存史實之貢獻，但是對於較長的歷史事實，甚至歷史整體無法提出大魄力的詮釋。無法「通古今之變」，而有見樹不見林之憾。自《史記》以來，中國歷史著述之學已然奠立典範，人物的個別傳記、掌故制度、社會傳聞等等，是必須放在整個體制裡，而不是單獨存在。列傳是與其他書、表共同串成歷史的整體。所以，掌故筆記充其量有記實之功，卻不是史學的全部，有其局限性。

三、史權的解放

　　所謂史權，〔註9〕就是歷史的撰寫權，有撰史的權利當然掌握詮釋的權利。中國的史權自上古即掌握在官方手中，無怪乎，一切史觀皆以帝王將相為中心，也就以政治興亡為題材，其餘皆是附庸。梁啓超說，一部二十五史只是帝王家譜，是接近事實的。中國從上古即由史官掌握撰史之權，降至中古，隋唐設置史館，撰史事業仍然在官方權力控制下進行，劉知幾親身經歷史館工作，因此揭露其弊端，而警覺私家撰史的必要性。其實，劉知幾提倡私家撰史，只是就集體撰史技術上的弊端而言，並沒有改變歷史詮釋權的歸屬，以致，儘管唐代以後有私家撰史，但是一切歷史書仍以「教化」為主，並沒有發展出一套有別於官方價值的歷史觀，野史仍然沒有發展的空間。

　　明代野史學所反映的一個意義是「史權」解放的趨向——從官方獨攬轉移到民間的手中，這樣的轉移應該從明代整個文化、歷史背景去了解。由於王學運動及商品經濟發達，文化普及，個人意識到自己在歷史之流中的地位，願意擔負古代史官之職，記錄史實，歷史的題材也由官方事務普及到社會一般事物的記錄，這種歷史意識的改變是中國史學史上的大事，非常值得注視。

四、歷史題材豐富

　　明代野史作者在當代都是博學者，也都是著名的藏書家，〔註10〕豐富的藏書正是他們博學的條件之一，另外蘇州博學文風，亦是建立在豐富的藏書

〔註9〕　柳詒徵，《國史要義》（臺北：臺灣中華書局，1973，11，臺五版。頁19～49）
　　　　〈史權第二〉說明中國史官職權的演變。
〔註10〕　參閱吳晗，《江浙藏書家史略》，臺北：文史哲出版社，1982年5月初版。顧
　　　　志興，《浙江藏書家藏書樓》，浙江，人民出版社，1987年11月初版。

條件。明代野史家在當代有以理學名，以文學名，以考據名，或以政事名，共同的特徵是都是經世的主張者，無所不究的博通者。尤其是嘉靖朝以後，社會經濟的繁榮、生活的安定舒適，使相當一部份士紳大夫養成了愛寫書，刻書的習慣，尤其愛寫野史稗乘。野史稗乘也是當時士大夫追奇好異的產物。

今世之人常因明季王學末流的束書不觀，專談心性，遂譏明人之學多空疏。實則自明代中葉以迄晚期，思想界有捨虛就實之勢；以理學言，則遵德性之境漸窮，而道問學之風轉盛。一般儒者的治學興趣，除經史博雅之外，亦復多移情於自然科學及工藝技術者。〔註11〕

依照中國文人傳統的「文以載道」的觀念，所記錄下來的東西，一定是作者認為值得記的事。他們所記載的一些民情風俗，社會生活，戲曲活動等等，在當時並不認為是重要的事，如今是大家認為珍貴的史料，這是時代認知的不同，他們當時就有今天的史學關懷，記下那些事情，說明了當時的人已經有很進步的史學觀念。

五、當代意識濃厚

史家的任務，大別有兩項：一是對過去存留的史料加以蒐輯、考證、詮釋，進行具有特定結構的歷史敘述；一是忠實記錄當代史事，並纂輯留存，以供後人了解、研究。研究過去與記錄現在就成了史學主要的內容，這兩項任務就是章學誠所強調的「著作之史」與「纂輯之史」。〔註12〕前者即史書，後者是史料。章氏進一步論述中國史學發展云：

> 三代以上之為史，與三代以下之為史，其同異之故可知也。三代以上，記注有成法，而撰述無定名。三代以下，撰述有定名，而記注無成法。〔註13〕

撰述即史書，記注則是史料。章氏以「成法」之有無做為中國史學發展的關鍵，確是一項卓見。不過，章學誠這項意見仍是迷信上古的記述成法，這種成法指的是上古史官記注內廷史實的程式，包括記注用語，體裁內容及保存的方法。一旦史官流散至民間，官方程式失守，記注史實的體裁也就解放了，

〔註11〕參見呂士朋，《明代在國史上的地位》，《東海大學歷史學報》，第二期，1978年7月。

〔註12〕見章學誠，《文史通義》，〈報廣濟黃大尹論修志書〉，其言曰：「史學著作之史與纂輯之史，途徑不一。」

〔註13〕同上註。

這種解放，當在春秋戰國之後。從崇古的立場，這種「成法失守」的事實當
然是一項遺憾。但是，綜觀中國史學的發展，隱然可以發現「從官史解放到
私史」的趨向，這種解放未嘗不是史學進步的指標。

明代野史作者的當代意識強烈，漸漸意識到自己與時代的關聯，多留心
時事，凡學風、時尚、政局有感於心，則筆記之記錄，以當代人的立場作史。
這種當代史意識可以分兩方面來看：一、留心時局，紀錄見聞。前期有蘇州
掌故史學及見證歷史萌芽，中期以後因時局壓迫更多，一些記實作品、掌故
筆記較前期更見經世思想。二、撰述史書，延續傳統。總結本期歷史，撰作
當代史書。如此浩瀚的當代史料，皆得之於彼時史家的職責與留意。一代史
事有待一代史家的札記見聞，而史家在當代就是見證者。筆而不公，雖不能
免，但總比不聞不睹、見而不筆者更可取。

本朝人撰本朝史一般說來史料價值比較高，一方面是在撰寫時，原始文
件尚大量保存著，除了文字資料外，還有許多口耳相接的口碑傳說。內容比
較豐富；另方面，在撰作當時，作者對所寫人物、事件、制度等，與後人相
比，見聞相接，了解較爲透徹，也就更能掌握史實的核心，反映歷史的眞相。

向來，對於明代史學的貶抑，是基於對私人撰當代史的不信任，這種不
信任，中外皆然。只是，近代以來，西方史學界已有改變。一方面，個人意
識到自己在歷史中的地位。亦即個人的「自我歷史意識」逐漸加強。一方面
也體認歷史智慧的時代性，對於當代史及見證史的需求日益迫切。這是西方
現代的趨勢，而明代的史學已經強烈地表現了這樣的特色。表現爲重視個人
文集、地方文獻及當代見聞的撰作與刊刻。其中尤以野史筆記，紛然雜陳，
最能反映這種特色。

六、史料價值高

傳統中國史學都以實錄爲最高價值，清初，《明史》主要編修人之一，徐
乾學說：

> 家乘野史，未可盡信，必本之實錄而參以他書，庶幾無失，願加博
> 訪之力，無據一家之言。〔註14〕

這是過份迷信實錄的權威。實際上，實錄也有其限制，明代人至少到明武宗

〔註14〕劉承幹，《明史例案》（《明史》附編），卷二，頁11。

正德十年（1515）對於實錄所載事蹟，已有保留的看法：

> 嘗怪實錄，一朝臣相列傳，多就其家取行狀碑銘、贈記、贊述、稍
> 加粉飾，即爲直筆。夫即文字之襃揚，儘士夫之稱述，則其人品制
> 行，皆古聖賢之所不能爲者，而獨爲之。而聖賢光明，俊偉事業，
> 獨不見於後世，豈非紀事之不足感哉！〔註15〕

胡氏是以實錄之紀事「不足憑」來反照「齊東野語」之不可廢。這種看法，又出在王學流布之後，非常值得重視。野史正彌補了實錄的限制，有其價值。謝國楨就很強調明代筆記史料應有地位，而長期從事明代野史的蒐集和研究。〔註16〕今人劉兆祐有云：

> 明代實錄以不實難據，故每引人非議。……故有明一代之野史，每
> 多堪補正史之不足。〔註17〕

筆記作者根據自己的價值判斷，選擇記錄週遭的民情風俗、掌故史實，選擇的本身已具有主觀價值判斷，所以，雖然材料之間沒有邏輯的聯繫，也沒固定的體例，但是，整體看來可以反映出作者心目中的時代面貌，不僅可以考察作者本身的思想，也可以對當時社會標準（價值觀）有間接的了解。或許，記載的材料本身有誤差，但是，材料所反映的「當代性」卻永遠是真的。足供後人參考，其所表現的史料價值也就相對增加。

筆記中的片言隻字都可以點出歷史的真實，如南北學風的差異。筆記寫作是一種習慣，作者「初無作史之志」，沒有明顯的史學動機。然而，究其實，可以體會出一種初步（未經雕琢）的史學意識，就是要實錄所見所聞，以爲作史參考，或直接爲自己後日作史準備史材。掌故筆記不能做爲文學或學術成就來炫耀，純粹是個人見聞、隨想記錄，其真誠度較高，史料價值並不比官方史料差。

相對於往代，明代已經可稱得上是知識爆炸的時代，原有的文體、書籍形式已經無法承載這些知識，同時，因知識多元而易得，改變了當時人對知識和人生的看法，這種現象清楚地表現爲筆記小說的盛行。在報刊雜誌還未

〔註15〕周密，《齊東野語校注》（上海：華東師範大學出版社，1987年5月第一版），
　　　　胡文楷，《齊東野語》後序。
〔註16〕參考謝國楨《明末清初的學風》，〈明清筆記叢談〉（上海：上海古籍出版社，
　　　　1981年3月新版）重編說明，頁1～7。
〔註17〕劉兆祐，《皇明嘉隆兩朝聞紀》敘錄（臺北：臺灣學生書局，據萬曆原刊本影
　　　　印，民國五十八年十二月）頁2。

發達以前，筆記小說是很方便刊布的書籍形式，其效果如同今日的期刊論文，
或是學術會議發表的論文。明代人在當代流通的作品，除了個人文集外，多
的是筆記小說。寫作者初無大志，不指望成爲藏山之作，主要是在當世流通，
盼能有益世道人心，甚至互相雄辯（如楊愼、胡應麟之作）。因此，筆記小說
不同於經典及傳世文章，對於當代有更深的意義，因爲不僅作品在當代互相
激盪的可能性擴大。也很容易匯聚成時代思潮。明代文人平日不只閱讀經典
古書。也包括當代人的著作，如個人文集筆記小說、當代史書。這些讀書狀
況及心得意見都反映在筆記小說中，不但保存了亡佚的圖籍，也是當時輿論
的索隱。再者，如果細細考察清初編撰《明史》的過程，可以發現，其主要
的史料就是眾多的明代野史作品。有些甚至是抄自明人著作。〔註 18〕明代野
史的史料價值之高，也就不言可喻了。

七、個人歷史意識濃厚

「歷史」有兩層涵意：歷史本體與歷史記述。歷史意識是對「歷史本體」
存在的意識。人感覺對歷史的存在，便試著去記錄它，進而撰成史書。歷史
記述是隨著歷史意識演變而有不同的形式與範疇。因此，我們可以從歷史記
述探求歷史意識。

從歷史記述演進的軌跡可以考察其背後的歷史意識，最早人們意識一家
一族的歷史，進而擴大到一個的歷史，最後個人意識覺醒，意識到自己在歷
史本體中的位置與意義，於是史書的形式與內容，就從家族史、國史、地方
史、擴及個人史事記錄（如回憶錄、文集編成等）。

明代中葉王學盛行，個人意識覺醒，對僵化的朱子學反動，與魏晉玄學
對經學反動而造成個人意識覺醒具有相同的意義。王學流布的結果，個人意
識抬頭，平等主義盛行，人人可以爲聖賢，聖賢不再是少數精英的權利。因
此，每個人都想爲自己的所見、所聞、所思留下記錄。每個人都意識到自己
在歷史中的地位，如張瀚的《松窗夢語》，等於是自述或自傳。謝肇淛的《五
雜俎》，有一已之思想體系，有子書的架勢。另外，再加以印刷業發達，個人
文集及雜史筆記刊刻流傳非常興盛，史料內容呈現多樣化而且數量極多，形
成所謂「知識爆炸」的現象。

〔註 18〕參見喬治忠，《清朝官方史學研究》，臺北：文津出版社，1994 年 3 月初版，
頁 222。

　　明代野史作品在內容上所表現的個人意識可以分兩方面說，體現明代文人氣質及自述的史料價值。表現明代文人氣質的內容有以下幾方面：

　　一、生活情趣。食衣住行育樂各方面講求精緻，如：吃茶、家居擺設、賞花、收藏珍品等。

　　二、讀書論學。明代文人平日閱讀的不只是經典、古書、也包括大量當代人的作品，文人間以「博洽」相誇耀，明代藏書家者，因爲經由他們不經意的記載，讓我們更全面性地認識了那些時代面貌，豐富了歷史的生命。

　　人與人，人與其週圍的環境和社會不斷地發生交互作用是近代史學研究很重要的範疇。傳統的史學不論中西，都想極力撇清史家與歷史的關係，避免因人的主觀影響歷史的客觀價值。德國史學家蘭克（Ranke）在十九世紀上半提出史家的任務「僅在說明歷史事實的眞相」，影響一個多世紀的中西史學研究，直到二十世紀初，「歷史相對主義」的討論。〔註19〕才漸漸沖淡蘭克的教條，而直接面對史家與歷史事實之間的關係。不但認識史家個人涉入歷史事實的不可避免性，也進一步肯定史家在整個歷史學術研究中特殊的地位。

　　自述、自序或自傳、或回憶錄是以「自我」爲中心，對「自我」意識和活動的一種記錄。這種記錄具有某種眞實性，它反映了作者對自己的看法，對社會的看法，對自己與社會之間的看法。每一雙眼睛都經過歷史、文化和自身環境的過濾，自述作品反映了作者看到什麼？怎麼看？怎麼選擇？怎麼記錄？所以自述作品可以更精確地反映時代的面貌。〔註20〕

〔註19〕 參閱美國歷史相對主義的主要代表史家 Carl L. Becker 的代表文章"Everyman His Own Historian", The American Historical Review, Volume XXXVII, January, 1932.

〔註20〕 參閱李又寧，〈近代中國的自我與自述〉，中國現代化研討會，1990 年 8 月臺北：中央研究院近代史研究所。該文雖是以近代中國的史實爲例，但是對於中國傳統史學觀念有其獨到的觀察，頗值得參考。據李氏意見，中國傳統史學作品中，都很不願意凸顯個人，認爲歷史書的主體應是歷史，史家是超然的。史家的位置多是一個評論者，如「太史公曰」、「臣光曰」，但是以評論者身份出現仍然「就事論事」，不願意著染個人色彩。即使私家撰史，作者本身也盡量隱藏，甚至連序都不肯暴露自我的意念，謹守孔子作《春秋》的原則：知我者春秋，罪我者春秋。「自我」不多做辯護。這種原則雖然可以保持歷史客觀性的尊嚴，但終究是不了解史家與歷史事實的不可分割性，史家要求歷史作品客觀正確。最好的方法是勇於介入歷史事實，與歷史事實做「無終止的對話」，而不是將自己從歷史思考過程中抽離出來。其次，論及中國人的「自我」觀念。「自我」在傳統中國的理想中是極度被壓抑的，孔子說：「克己復禮爲仁」，就是明白的要求人要克制自我，成全別人。刻意壓抑自我的結果，

　　野史的功能，大則用來修補正史，小則用來修補個人的人生。以中國歷史正史與野史兩個系統而言，正史反映主流歷史事實，野史向來只被認定用來修補正史；到歷史意識大開之後，野史也用來修補個人，個人的歷史自然融入整個歷史之流中。野史筆記特多。讀書有所得便自己筆記心得或相互論學。

　　三、交游聚集。明代文人喜歡結社形成集團，相互標榜、聚集吃茶、論學論文、吟詩作文、遨遊山川。與魏晉名士有異曲同工之妙，《何氏語林》之作並非偶然，名人言行錄、人物軼事評論也是風潮所致。

　　四、人生價值。對時代有感應，負有使命感，在朝在野互相激勵扶持、對事業功名不失積極的抱負。

　　明代文人氣質在後期表現尤爲特出，晚明性靈小品、子學復興、筆記更盛、生活更精緻、從現有書目可以嗅出其中氣味。尤其筆記作品最能表達明代文人的意識型態。

　　掌故筆記是一種自述體的歷史作品，作者以自身的價值判斷，選擇記錄史事、掌故、民情風俗，自述所見、所聞、所思，內容本身已隱然反映了作者的史學意識，雖然材料之間沒有直接的連繫，但是總的來看，可以了解作者心目中的時代面貌，選擇記錄的，都是作者認爲值得記，有特殊意義的，足供後人參考的資料，這是一種非常珍貴的不經意史料。

　　記錄時代面貌與脈動，不是少數史家或官方史官的責任，而是每個人的責任，這種普遍的歷史意識在明代最爲凸出，在朝者記朝廷掌故，在野者記鄉野傳奇、地方掌故、人物軼事，各司本職，爲時代留見證，在明代這種社會漸漸普遍。這些掌故筆記不是正統史學，也不必定有史學意識，但我們可以視之爲「時代實錄記的自述性特色」，應當受到重視。

八、重視本土歷史意識

　　在中國目錄中，方志是放在史部的地理類。其主要的用途是提供地方官員有關該地區行政的一般情況，做爲施政的參考指南，（就好像正史是一般官

　　　使自我意識轉化成不同的形式表達出去，像莊子所提出的精神自由與獨立，傳統知識份子以詩詞寄情言志，都是自我意識變形後的表達。但是「自我」卻不容許滲透到史學中，傳統史學以客觀公正爲重，所述所論必有根有據，史家往往抑制自己意見，如有所論，別見於文末，如「太史公曰」的形式，「史」的地位比「文」的地位要高。

員們作官的指南，提供官僚們必備的知識）。另外，方志的刊印可以提高該地區的聲望，並且促進地方居民的自我認同和團結的行動。方志的刊印反映該地區文人愛鄉土的情懷。野史筆記中，有許多鄉土事實的記載，甚至，有很多野史作者，也參與方志的編纂，這當中意識上的聯繫，是無法否認的，較著名的例子是，楊慎的《滇記》、王鏊的《姑蘇志》、何喬遠的《閩書》。

何喬遠的《閩書》是一部內容廣泛的關係福建的專著，起自古代，終於明末，特別著重者明代。全書分門描述，每一門的材料按府、縣排列，內容的範圍和材料的編排格式遵照通志，沒有一部明代的通志像《閩書》那樣詳盡與全面。另外，陸容的《菽園雜記》中記載地方掌故、風俗習尚的條目就佔很大的部份，包括地方古蹟、文物、疆界沿革、地方禮俗、社會風氣等，若把社會經濟的部份也包含進去，則其比重更大。〔註21〕

一般正史所述，可能經常是一種實際上根本不存在的劃一的局面。方志所提供的地方事實，地方特殊性和發展，或許可以更清楚地觀察中國總體的發展。重視鄉土記錄也是野史的特色之一，這種傾向，也是值得我們注意的。

第二節　明代野史在史學史上的地位

明代的文化向來遭到貶抑，明代史學長期被忽略只是其中的一部份。其原因最少有二方面：一、明代人，尤其中葉以後，對本朝的嚴厲批判。二、清初為了政治的原因，刻意地貶低明代的一切表現，而突出明代的一些黑暗面，以突出清朝取代明朝的正當性。這種企圖，充份表現在《四庫全書》的編纂原則與總目提要上。後人不察，遂與他們同聲譴責明代的封建腐敗，一無可取。劉子健有一篇小文章，曾試圖扭轉一般人的觀念，重估明代在文化上的表現，提出一個宏觀的角度，讓我們對明代文化多一層認識。〔註22〕但劉文所論，極為廣泛，未及逐項深論。本文即是專就史學方面，重新評價明代野史發展在中國史學史上的地位。

一般討論一個人的史學表現，是針對他的史學著作及其相關作品中所表

〔註21〕參閱廖瑞銘，〈明代掌故筆記的史學價值——以「菽園雜記」為中心〉，《國立中興大學歷史系第三屆史學史國際研討會論文集》（臺中，1981 年 2 月出版），頁 183～185。

〔註22〕劉子健，《明代在文化史上的估價》（1985 年 4 月 19 日美國紐約《中報》，以「半賓」為筆名發表。另外，正式在食貨月刊發表）

現的作史動機、思想及方法，評價其史學思想的原創性程度，史學方法的優拙及史學作品的成就。同理，評價一整個時代的史學，是著眼於當代整體史學作品所表現出來的史學意識及史學作品的一般表現。要觀照的事實包括：1. 記錄史事的動機（史學意識），2. 記錄史事的選擇標準（史學範疇），3. 記錄史事的技術（史學方法），4. 史學思想承先、啓後情形（原創性與影響）等。

　　對於歷史人、事的評價，會隨時代認知標準不同而異，對歷史做評價的目的是給現代提供參考，測量出我們與歷史的「距離」，唯有對傳統有批判的認知，才能認清現代的定位，也才能體認「承先啓後」的實習意義。唯其如此，同樣的歷史才有不斷更新的意義，才有新的生命，提供人們源源不絕的啓示，史學研究才有存在的價值。因此，在做歷史評價之前，必須先找到歷史人、事（評價對象）在歷史序列中的定位，充份了解其時空背景，然後以（史家）當代人的觀點給予評價。

　　明朝近三百年的歷史無論在社會經濟、政治制度或思想文化各方面都呈現明顯的轉折，有謂是中國近代變遷的關鍵時期。〔註23〕這個時代的史學當然會有相對應的特色與發展。在整個中國傳統史學發展的軌跡上，尤其從宋代蓬勃的史學運動到清代的考證史學的發展過程中，明代史學實居於樞紐的地位。〔註24〕中國傳統史學因爲長期陷入經學的框框而無法自拔，歷史是教

〔註23〕 Wolfgang Franke,（傅吾康）An Introduction to the Sources of Ming History,（明代史籍彙考）Kuala Lumpur and Singapore: University of Malaya Press, 1968. Introduction.

〔註24〕 杜維運，〈清代史學之地位〉（收入《清代史學與史家》，臺北：東大圖書有限公司，1984 年 8 月初版）認爲清代史學「波瀾壯闊、氣象萬千，中國史至此邁入一新境界，此史學之演進也，又豈衰苶之有哉？又豈遠不逮宋代史學哉？」就學術演進之原理言，明代史學應有奠基之功。又，林慶彰在《明代考據學研究》（臺北：臺灣學生書局，1983 年 7 月初版）結論就提及清代考據史學實源於明代，說：「其四，明代考據之特質爲好奇炫博，諸考據家皆兼通經學、小學、天文、地理、典制、動植物、醫學等，清初黃宗羲、顧炎武、毛奇齡、顧祖禹、萬斯同、胡渭、閻若璩、姚際恒等之所考，好博則甚近似。可知明中葉至清初之考據，皆崇尚博雅，至乾、嘉以後始漸趨專門。又明代考據家，如楊慎、陳耀文、焦竑、陳第等，皆有經世思想，此與顧炎武、黃宗羲等人之行事皆甚相近。可知，清初之學風實承自明中葉，今人或以明代無考據，或以爲考據始於清初，皆非窮本溯源之論也，其五：明代考據學之意義，在於其爲學開創諸多路徑，使清人得以由此一水平繼續深究。故若非明人筆路襤褸之功，恐清人亦無此康莊大道也。明代考據既有啓導清學之功，則凡欲究清學之發展演變者，首應先窮明人之學，始可免忘本之識。此事劉師培曾致意再三，研究明清學術思想者，不可等閒視之也。」

化的工具之一，向來就是政治化的產物，史學脫不出「正統」的思考，無法
發展出成熟的史學意識，評價的標準也非常僵硬，按照傳統史學史的含義，
明代史學的評價極低，已如緒論所述。如果換另一種評價標準，是否可以改
變若干事實呢？明代野史雜陳，若無章法可尋，本論文是試圖以今天的史學
觀點為這樣的現象做詮釋，拓寬史學史的研究視野，至於妥當與否，願意保
留討論的空間。針對這個論點，我們可以從下面兩個方面來探討。

一、在中國史學發展的地位

就個別的史家及其史著來說，明代的確少有突出者，但是若從這些史家
與史書之間的內在聯繫及他們與時代脈絡的關係，明代史學的整體表現在史
學史理應有其特殊的地位與意義。簡言之，明代野史學是唐宋史學過渡到清
代史學的重要橋梁。

首先就中國歷史意識〔註 25〕的發展，明代人的確表現出開闊的視野，是
前此各代少有的。中國史學觀念是從經學的框框逐漸獨立出來的，所謂經學
框框其實就是官方價值的化身，整個中國史學觀念發展史，實際上就是史家
對官方價值的抗拒與妥協的過程。中國史學在魏晉時代始從兩漢的經學中獨

〔註25〕 所謂歷史意識，簡言之，就是對歷史的知覺。人類是先有了歷史意義，才想
辦法去保存歷史、記錄歷史。歷史意識應該包括對過去歷史、當代史的態度、
保存史料的觀念，以及對歷史功能的期待（亦即想從歷史中得到什麼）等等。
從被保存、被記錄的歷史書和史料，我們可以觀察其背後所隱含的歷史意識。
隨著時代的演進，文化的累積，人類的歷史意識也不斷地演進，歷史涵蓋面
越廣泛，意義越深刻，保存和記錄歷史的體裁形式當然也隨著變遷。
歷史意識人皆有之，惟程度不同，表達的方式亦不同。「留取丹心照汗青」就
是為了印證人的意義與價值。歷史意識可表現在事功上、作品上、思想上，
在不同時空與不同思想流派的影響下會有不同的表現方式與不同的發展。不
是每個人都要做史官、史家，歷史意識的表達，其形式可以是記錄見聞，搜
集文獻，或撰修國史，桓溫的「不能留芳百世，可遺臭萬年」的觀念也是一
種歷史意識。準此而論，每時代應有不同的歷史意識，不同的歷史意識表現
成不同的史學思想、史書形式、史學方法。在時代與時代間，就某種標準而
言，可以有一些優劣的評價。但正確地說，不同時代的史學表現只有不同，
很難說好壞。
史學研究必然受到內在與外在的思想、環境所影響，而呈現不同的歷史意識。
不同時代的史學，必然呈現不同的史學思潮，而同一史學思潮下，亦因個別
差異而有不同的史學表現。因此，探討史學史的課題，應該包括歷史意識演
變的過程，以及因歷史意識改變而導致史書形式與史學意識改變的現象。

立出來，但一直脫離不了經學的支配，尤其是《春秋》的陰影。到唐代史館修史，官方再度收縮，唐末五代一度崩解到宋代又緊縮、保守；明代開放，清初又收縮。由此論之，明代史學是中國史學發展中少有的開放期，有其關鍵性地位。

不同時代有不同的歷史意識。漢代人希望從歷史沿革中找到規律，證明漢朝政權的「正統性」，司馬遷寫《史記》，從上古寫到漢武，爲漢朝找到在全史中的定位。班固則換另一種方式表達，認爲漢朝自有定位，不必自全史中去找，因而撰作斷代史。魏晉南北朝時，政權更迭頻繁，國史維繫不易，加上門閥士族各立門戶，而重家族淵源史。唐代初期，官方大量修史，除了資鑑意識的發揚外，也表示帝國對思想文化詮釋權的擴張。〔註 26〕宋代以後的史學比較明顯的有兩條主線：一是教化史學，一是資鑑史學。歐陽修是教化史學的代表，他把史學矮化成道德理念教化的實例。司馬光則是資鑑史學的代表，他注重歷史教訓，做爲治國者參考，歷史仍然沒有獨立的意義。

明代中葉自王學流布之後，自我意識高漲，每個人都意識到自己在歷史中的地位，即自己參與了歷史，自己個人的資料即是歷史記錄的一部份，因此很重視個人文集的刊刻及撰寫親友的墓誌銘及各式碑銘。當然這種想法必須是在印刷業發達的前提下，才有可能實現，明代史籍留傳下來極多，即是主觀與客觀條件配合的結果。

明人刊刻文集的風氣之盛，超越往代，當時人對這種現象曾有如此的描述：數十年讀書人，能中一榜，必有一部刻稿；屠沽小兒，身衣飽煖，時必有一墓誌。〔註 27〕刊刻文集的風氣，固然是反映印刷業發達及社會虛矯之氣，更重要的是顯示明代人具有普遍而且濃厚的歷史意識，人人都意識到自己參與了歷史，不但要留存自身的歷史，也要記錄自身所屬時代的歷史。這種普遍化的歷史意識，是很值得注視的現象，也應該是明代史學的主題之一。

考察一個時代的史學，雖然不能單就史學著作數量的多寡來評價之，但是，數量多到某種程度，其本身就是值得注意的現象。所以，明代史書就著作數量而言，是空前的多，一方面是因爲社會經濟發達，書籍刊刻、流通方便；一方面也因爲距今較近，留存較多。汗牛充棟的事實，固然可以反映印

〔註 26〕 兩漢至唐初的歷史意識演變史，可參考雷家驥，《中古史學觀念史》，臺北：臺灣學生書局，1990 年 10 月，初版。

〔註 27〕 葉德輝，《書林清話》，文史哲出版社，1973 年 12 月初版。

書業蓬勃，人們好事、好名，實質的史學意識淺薄。但是，也可以理解爲明代人對於史學的定義較寬，其史學意識是廣泛的、多元的。不是「明人恣縱之習，多涉疏舛」一句話可以概括的。

從史學求眞實的角度看，雖然資料多疏舛，有其缺憾；但是，凡是記錄必有其限制，眞實是相對的，而不可能是絕對的。不必因此而抹殺其資料的價值，反而要從資料的量多來肯定其價值，因爲豐富的資料提供更多反覆辨正的機會。《四庫全總目提要‧史部總序》中，有段很具啓發性的敍述，一方面說，宋明以來盛行的私人記載不足信，但也承認，在眾多記載參核下，可以獲得實情。〔註28〕我們不必太苛責於其疏舛，因爲那可能是他的無心之過，我們需要的是那件事的記載，多一面參考，有經驗的史家當然不會笨到以一面之詞做爲信史之依據。清初編撰《明史》不就是依據這些眾多的史學著作得來。〔註29〕也就是說，我們不怕多方面記載失實，而怕孤證或零證。明代人史學意識濃厚，每個人都願意記錄見聞，這是很進步的歷史思潮，理應受到重視，而不應該以嚴格的考證標準去苛責明人的著作，反倒失去欣賞其中的深蘊。

野史筆記中很多是歷史意識發揚的雛型，記錄當時，是認爲有歷史價值而值得記，但囿於時代觀念，不敢稱做是史，只謙虛地說「只供談助」。其實依中國傳統文人「文以載道」的觀念，無意義的東西他們才懶得記，會記載下來的，就反映出其有相當價值，只是當時「無以名之」。官史發達並不能完全代表其時代的史學成就，同樣的，野史蔚然成風，也不應過度貶抑其價值。明代野史學的發展最大的意義，是相當程度地超越官方意識的主宰，歷史記載不再局限於帝王將相和士大夫，其次，歷史意識隨著商品化的推動，深入民間，歷史成爲升斗小民的知識泉源。尤其，在中後期，和邸抄、塘報同時扮演新聞媒體的角色，當時流行的東林史事即具有非常濃厚的現實意義。

其次，從史學新體例的開拓而言，明代野史也有地位。明代史學沒有創新的體例也是史學史者批判的重點之一，〔註30〕殊不知這正好是其特色，尤

〔註28〕《四庫全總目提要》，史部總序。

〔註29〕喬治忠，《清朝官方史學研究》（臺北：文津出版社，1994 年 3 月初版），頁224。

〔註30〕高國抗，《中國古代史學史概要》（廣東高等教育出版社，1985 年 8 月第一版）頁 3，有云：「這時期（明、清）史書的產量固然不比前代少，但是史學思想與史書體例均缺乏創新。」

其野史筆記用更自由的方式記錄時代的真實，爲中國史學開拓一片天地。

李弘祺在〈漫論近代中國史學的發展與意義……附論從筆記、箚記到社會史〉一文中談到筆記作品從現代史學觀點來看，所呈現的意義。李文結論，歸納「筆記」對於近代中國史學發展的意義是：（一）它發展出一種自由的體裁。（二）擴大治史範圍，提供豐富的社會史史料。這種見解爲「筆記」賦與史學意義，是值得稱許的。只是文中所談的都是以清代作品爲主，而實際上，明代就盛行野史筆記，如果李文的提法可以成立，那麼他所謂的近代中國史學的發展應該往前推到明代。〔註31〕而誠如前述的明代野史特色，明代野史學在中國史學發展就具有關鍵性的地位。

二、對照西方史學的發展

綜合言之，明代野史學呈現出兩個特色：一個是野史筆記的盛行；一個是私撰本朝國史的熱潮。前者相當於今天所謂的「見證歷史」（eyewitness history），而後者即是「當代史」。「見證歷史」是親自參與事件者所寫的歷史；「當代史」是指生活在事件發生那個時代裡的人所做的歷史性撰述。在「時間是真理之母」的信念下，這兩者在二十世紀以前一直是西方專業史學界所質疑的。他們認爲那些參與公眾事務的「見證史家」本身已失去做爲客觀史家的資格；而當代史的撰述必然因爲觀察的角度、記錄的限制、文獻的不足而錯誤在所難免，西方史學界直到二十世紀以來才逐漸承認這兩者的史學地位。〔註32〕就此而論，明代野史毋寧是展現了相當進步的史學思潮。

中國傳統史學評價的標準是很政治化的，完全以官方認定爲準，官方欽定或撰作的爲「正史」，私人撰作的爲「野史」。前述兩項明代學的特色當然是傳統中國官方史學所譴責的對象。另外，中國史學界對官史與私史的評價，都是在於「權威」與「正統」的認定上，和西方世界所謂的專業（學院）史學與業餘史學之分有異曲同工之妙。準此，從西方史學的發展來觀照明代野史現象，可以分兩方面來談，一是官史與私史的爭議及當代史的定位；一是體例及論述觀念上的爭議。

〔註31〕 李弘祺，〈漫論近代中國史學的發展與意義 —— 附論從筆記、箚記到社會史〉，《食貨》復刊十：9，1980 年 12 月。

〔註32〕 參閱李豐斌譯，《當代史學研究》（臺北：明文書局，1982 年 12 月初版），頁419～446。

官史的優點在於史料詳實、正統，編纂者水準整齊，人手充足。但是，官史的缺點是缺少撰作的動機，只是例行公事，「記注有成法」，單一而固定。另外，官方意識主宰一切修史的做為，而且由於官史成於眾手，也有因循錯誤的可能，要緊的是官史的領域太狹窄，只以政治為主體。

官史與私史因旨趣不同、規模條件不同，其本質就有區別。官史都偏重政治史及史料編纂，私史則具有多樣性，在內容、觀點、體裁上都較多元化，私史中最重要的史源除了官方史料外，就是私人筆記作品。私史雖無官史的某些優點，錯誤也有可能，但是私史的最大優點是將歷史體材擴大，反映人民觀點，記錄更完整的社會真實。王世貞批判明代野史有三弊：多誣、多舛、多誕。官史又何嘗沒有？反過來說，野史因為少掉官方束縛而有更大的空間，保留更多的真實。

Etienne Balazxs（白樂日）在談到中國歷史編纂的突出特點時，指出一個西方歷史學者盡可能不帶偏見的回答將是：「千篇一律」。其涵義有兩個面相：其一，指中國的歷史編纂不談個人，同時又缺乏進行綜合所需的抽象思維，因為當它談到人民時，他們是以集團代表的身份出現，他們的個人特點消失了；其二，當它講到事件時，只是詳述事實，即使同樣的事實也不再重複，不加以綜合。

白樂日進一步指出造成這種特點的原因有三：一、把歷史分為斷代史的習慣；二、中國歷史家官方身份使他們仰給於國家俸祿；三、引證的傳統方法。尤其是中國史學引證的方法，是不用自己的語言而是努力從原文摘錄（用文言摘錄是中文的特色之一）。如此，則史家的創見便喪失了，只是在熟練的抄錄中討生活。其次，對文字的虔敬，以能引經據經典為榮；其三，就是史官的職能等。〔註33〕

這裡所指出的缺點，大都是成體例的官史所具有的缺點。若論野史，則有另一番面目。野史最為人垢病的缺點，互相傳抄，錯誤百出。但是，一來，野史談到人民時，都是以個別的身份出現，個人的特點很突出；二來，都是用自己的語言摘錄，所以作品個人的風格也很突出。

當西方世界歷史逐漸專業化，史學界拒斥非學院而描述親身經歷事件的史家，認為那些參與公眾事務的史家已失去做為客觀史家資格。相對於中國

〔註33〕Etenne Balazs, Chinese Civilization and Bureasucracy Yale University, Fourth printing, November 1968. p.135.

史學，有些異同點。中國史官都是參與公眾事務者，所以，所承認的歷史都是經國大業。他們排斥的是那些在野人士，在野人士記載朝廷大事，被認為不可靠，而雜記見聞，又被認為是街談巷議，小說家言。

二十世紀當代史興起的原因之一，是受教育的人數增加，比先前任何一個時代都多，群眾更急切地想要尋找困擾當代人問題解答。促使二十世紀當代史發展的另一項因素是，大量的手稿資料都比過去更快的向史家們公布。至少美國是如此。明代也是一樣，私人文集很快刊刻流傳，官方資料也比以前各代提早流傳民間，為史學研究提供不少方便。

以明代而言，知識份子都有歷史意識，這個歷史意識都是《春秋》以來的「褒貶」之義，或資治通鑑之義，每個知識份子多多少少有志於史學，尤其考入進士，進翰林院，博讀群書，擔任史職都慨然有史家之志。一旦回鄉，退休在家，就寫回憶錄或搜集鄉黨文獻，纂集方志等等。另外，在大眾傳播媒體還未成形的年代，當時的人以筆記的方式記載時局點滴，已經可以視為一種媒體工作者，從這個角度看，明代眾多的野史筆記作品宜有新的評價。我們對待野史筆記作品可以像新聞報刊一樣。〔註34〕

傳統的看法，總認為歷史是真實而神聖的；相對的，文學則是虛構的。中國傳統上對小說也是一直停留在道聽塗說，姑妄言之的觀念。其實，只要是文字記錄就必然有其限制，歷史、小說都面臨同樣的限制，與真假價值判定無關。唯其如此，我們才能一視同仁地對待所有的史料，不再獨尊正史的權威。明代野史興盛的現象，是中國史學發展的一個契機，只是沒有得到發展的空間與應有的重視，希望透過本文的研究能提供史學史研究的另一種可能性。

我們的史學觀念在今天的突破，對於史學史將有全面的全新解釋。每個時代反應了不同的日常意識。分析時代意識，必須與其社會結構緊密聯繫。個人的經驗、朋友、師長及當代社會各界正反意見（現象）共同構成了一個資料庫，供筆者隨時運用。本論文的企圖，並不只是為明代史學翻案而已，而是嘗試用我們今天對史學研究的觀念與模式，建立新的史學研究，大膽地提出新觀點，努力從傳統窠臼中解脫出來，供學術界公評。若只是為傳統文獻做註腳，實在沒有意義。這個企圖來自於劉子健及李弘祺論文的啟發，以及結構主義傅柯學的啟發。

〔註34〕尹韻公，《中國明代新聞傳播史》，重慶出版社，1990年8月第一版。

　　總結地說，野史學的研究可以帶領我們走出主流（正統）文化意識的框框。從釐清正史與野史之別到超越正史與野史之別是探討明代野史學最大的意義。歷史是所有的人共同走過的歲月，共同創造的業績，用主流意識所撰寫的歷史不能滿足這樣的需要，當我們具有現代的民主意識的同時，超越傳統的框框，重新詮釋野史學的意義，應有相當的意義。

結　論

壹、小　結

　　明代野史發展充份反映「史學與世變」的關連性,前期文化環境較為保守,除了少數記實作品外,直到成、弘以後才逐漸有蘇州文苑的成員所寫的掌故筆記及明初事實的流傳與記錄。中期與後期分別代表兩個撰史的高潮;一個是嘉、隆時期,反映文化環境的轉型及時局變革的需要;一個是萬曆以降至明末清初,反映社會環境全面解放與救亡圖存的迫切性。基本上,是因為王學盛行改變思想界,商品經濟改變社會物質條件,以及重修會典、重抄實錄、纂修國朝正史等官史活動開放官方史料,再加上強烈的時局變動,使得野史更加蓬勃發展。

　　明代前期的野史,以蘇州文苑的掌故筆記佔大宗,表現博雅、尚趣的特色,隨興記錄所見聞,及鄉黨故實。中期以後,因應時局需要及官方史料的傳抄,出現的野史則較有濃厚的經世思想,而且較重視史料的徵實,作者的層面也比較廣闊。晚明的筆記一方面已沾染小品文習氣,〔註1〕另一方面則多流露對時局的激切之情。

　　總的來說,明代野史如本文的鋪敘,有兩個特點,是全面與普及。全面指的是題材內容的廣泛;普及說的是體例形式的自由,這種表現符合劉子健對整體明代文化的觀察。〔註2〕瞿林東具體地提出明代史學的兩個特點:一是

〔註1〕 參閱曹淑娟,《晚明性靈小品》(臺北:文津出版社,1988年7月出版)
〔註2〕 劉子健,〈明代在文化史上的估價〉,食貨復刊。

經濟史方面的著作門類增多，一是史學的通俗形式和社會的歷史教育有進一步發展。〔註3〕這兩個特點，也反映了明代社會經濟的發展與教育的普及。

貳、一些延伸的思考

　　明代的野史浩瀚，不能遍讀，語云「學然後知不足」，本文只是提出一個初步觀察的意見，自知非常粗陋。在研撰過程中，思緒被多彩多姿的野史作品牽動，發現明代野史還蘊含很多值得繼續探討的問題，願藉篇尾提出一些延伸的思考。

　　野史與小說在傳統中國學術中同樣不受重視，界線也模糊，野史筆記與文言小說可以互稱。宋、明以後，白話小說發展超越文言小說，在社會教育上，發揮重要的功能，尤其是歷史演義小說幾乎取代正史的社教角色，因此，應該將二者合併討論。

　　傳統教育裏，歷史一直扮演社會教化的主要角色，但是歷史書籍文字艱深，一般大眾觀之不通其文，讀之不解其義，興味索然，勢必疏遠，久而不讀之，就要失傳。即使有再高深的理論、重要的意義，也將在現實生活中起不了任何作用。到明代教育普及，大眾對於歷史讀物的需求越來越迫切，於是，嘉靖、萬曆間掀起歷史小說的創作熱潮，作爲歷史知識的普及本，當時甚至形成兩種歷史小說理論，一種是強調崇實翼史，另一種則重視眞幻相混，而兩種理論都希望歷史小說能做爲「正史之補」，對後來歷史小說的編撰者影響很大。〔註4〕野史也有補正史的功能，歷史小說的創作熱潮與明代中期以後的野史應有相當關係。

　　歷史小說發展到明代後期，上自開天闢地，下至朱明定鼎，歷朝興亡，按代演繹，幾乎都有了成書。文人們逐漸感到借用歷史題材來托古諷今，寄托理想，未免有點隔靴搔癢、遠離現實，而應該運用在社會上日見威力的小說來直接反映當前的政治，緊密地爲現實鬥爭服務，於是湧現出了一批以當前重大政治鬥爭爲題材的長篇小說。這類政治小說的內容一般都取材於當時的邸報和朝野之史，也有採之傳聞的。〔註5〕這種情形和私家野史取材於邸報

〔註3〕瞿林東，《中國史學散論》（湖南教育出版社，1992年8月第一版），頁244。
〔註4〕劉大杰，《中國文學批評史》（臺北：文匯堂印行，1985年11月初版），頁402。
〔註5〕同前書，頁415，引一段《斥奸書凡例》云：「是書自春徂秋，歷三時而始成。閱過邸報，自萬曆四十八年至崇禎元年，不下丈許，且朝野之史，如正續《清

傳聞有類似之處。另外，也有將清末的抗議小說看做是筆記小說的延伸發展，
〔註6〕若能合併觀察，可以說明更多的事實。

　　研究中國現代小說理論的人，深切體認中國傳統重歷史、輕小說的現象，
而提出的討論，非常值得拿來分析野史的本質。〔註7〕其實，就記錄人事與記
錄的客觀限制的角度看，歷史與小說的分別不大，美國史學家芭芭拉塔克曼
曾就這個問題與學院的史學家有過激烈的論戰，她強調，歷史只有在與群眾
溝通時才存在。〔註8〕明代野史一步步走向庶民化，也呈現這樣的趨勢，值得
我們參照思考。

　　總之，研究野史有必要先認識敘事理論，與分析小說一樣，或許會看到
更多的內涵。

　　　　朝》、《聖政》兩集、《太平洪業》、《三朝要典》、《欽頒爰書》、《玉鏡新譚》，
　　　　凡數十種。一本之見聞，非敢妄意點綴，以墜綺語之戒。」

〔註6〕中國野史發展，到清末「新小說」，有新的意義，值得繼續探究。參見陳平，
　　　　《中國小說敘事模式的轉變》（上海人民出版社，1998 年）第七章〈「史傳」
　　　　傳統與「詩騷傳統」〉。

〔註7〕參閱高辛勇，《形名學與敘事理論》（臺北：聯經出版公司，1987 年 11 月初版），
　　　　頁3。作者討論的是文學的眞實與理論，而中國現代小說中輕視理論的原因與
　　　　重歷史的傳統有關，值得參考，其語云：「中國現代學術傳統特別尊重「歷史」，
　　　　以「歷史」是事實，而唯事實才具永恒性、不變性，才值得研究；相反地，
　　　　理論則是「一毛一打」，隨用隨換。但，所謂「事實」或「歷史」又是什麼呢？
　　　　凡是經過記錄，以語言或影像表達的「歷史」也必是經過選擇、過濾、組合
　　　　的「歷史」，一種記錄無法越過感官印象，先入的假設、認知習慣等等的「間
　　　　介」，這些間介過程，有意無意地決定了「歷史」與「事實」的面貌（這在涉
　　　　及人類動機的社會現象或人文事實之上尤然）。「先入的假設」、「認知習慣（或
　　　　心態）」正可視爲理論範圍的題目。不管願不願意、自覺不自覺，我們從歷史
　　　　上所承受的「事實」，甚至我們們目睹、親歷的現實，都是一種有選擇或帶「偏
　　　　見」的事實。中國傳統之不重理論，與它的一元價值的攻治與社會體系或許
　　　　有關（例如正統、忠君思想、五倫觀念的認同等價值觀與先入假設）。在一元
　　　　化價值體系下，先入假設常不自覺地被認爲是唯一眞理，或「自然如此」的
　　　　「事實」。這種傾向，在多元化的現代社會裡顯然已不適用。

〔註8〕參閱芭芭拉・塔克曼（Barbara W. Tuchman）原著，梅寅生譯，《從史著論史
　　　　學》（Practicing History）（臺北：久大文化公司，1990 年 3 月初版），頁 71。
　　　　作者認爲：「歷史如不能溝通便什麼也不是。研究提供材料，理論提供一種思
　　　　想方式，但是透過溝通歷史才爲世人所知或了解。」

參考論著目錄

徵引史籍

1. 《酉陽雜俎》，唐·段成式，臺北：漢京文化事業有限公司，1983 年 10 月第一版。

2. 《史通釋評》，唐·劉知幾，臺北：華世出版社，1975 年 4 月初版。

3. 《唐語林校證》，宋·王讜，北京：中華書局，1987 年 7 月第一版。

4. 《容齋隨筆》，宋·洪邁，臺北：臺灣商務印書館，1956 年 4 月初版。

5. 《齊東野語校注》，宋·周密，上海：華東師範大學出版社，1987 年 5 月第一版。

6. 《直齋書錄解題》，宋·陳振孫，上海：上海古籍出版社，1987 年 12 月第一版。

7. 《鳳洲雜編》，明·王世貞，臺北：廣文書局，1969 年 9 月初版。

8. 《弇山堂別集》，明·王世貞，北京：中華書局，1985 年 12 月第一版。

9. 《文飯小品》，明·王思任，長沙：岳麓書社，1989 年 5 月第一版。

10. 《文徵明集》，明·文徵明，上海：上海古籍出版社，1987 年 10 月第一版。

11. 《西湖遊覽志餘》，明·田汝成，臺北：木鐸出版社，1982 年 6 月（影印）初版。

12. 《留青日札》，明·田藝蘅，上海：上海古籍出版社，1985 年 9 月第一版。

13. 《玉鏡新譚》，明·朱長祚，北京：中華書局，1989 年 9 月第一版。

14. 《三坦筆記》，明·李清，北京：中華書局，1982 年 5 月第一版。

15. 《見聞雜記》，明·李樂，上海：上海古籍出版社，1986 年 6 月第一版。

16. 《戒庵老人漫筆》，明·李詡，北京：中華書局，1982 年 2 月第一版。

17. 《續藏書》，明・李贄，臺北：臺灣學生書局，1986 年 3 月初版。

18. 《九籥集》，明・宋懋澄，北京：中國社會科學出版社，1984 年 3 月第一版。

19. 《語林》，明・何良俊，上海：上海古籍出版社，1983 年 12 月第一版。

20. 《芙蓉鏡寓言》，明・汪東傳，浙江古籍出版社，1986 年 10 月第一版。

21. 《萬曆野獲編》，明・沈德符，臺北：偉文圖書出版社，1976 年 9 月初版。

22. 《敝帚軒剩語》，明・沈德符，臺北：廣文書局，1969 年 9 月初版。

23. 《逆臣錄》，明・明太祖，北京大學出版社，1991 年 8 月第一版。

24. 《野記》，明・祝允明，臺北：廣文書局，1970 年 12 月初版。

25. 《少室山房筆叢》，明・胡應麟，臺北：世界書局，1980 年 5 月再版。

26. 《七脩類稿》，明・郎瑛，臺北：世界書局，1984 年 10 月再版。

27. 《鴻猷錄》，明・高岱，上海：上海古籍出版社，1992 年 12 月第一版。

28. 《文淵閣書目》，明・楊士奇，臺北：廣文書局，1969 年 2 月初版。

29. 《梅花草堂筆談》，明・張大復，長沙：岳麓書社，1991 年第一版。

30. 《梅花草堂筆談》，明・張大復，上海：上海古籍出版社，1986 年 12 月第一版。

31. 《琅嬛文集》，明・張岱，長沙：岳麓書社，1985 年 7 月第一版。

32. 《內閣藏書目錄》，明・張萱，臺北：廣文書局，1968 年 3 月初版。

33. 《蓬窗日錄》，明・陳全之，上海：上海書局，1985 年 6 月第一版。

34. 《治世餘聞、繼世紀聞、松窗夢語》，明・陳洪謨、張瀚，北京：中華書局，1985 年 5 月第一版。

35. 《花當閣叢談》，明・徐復祚，臺北：廣文書局，1969 年 1 月初版。

36. 《菽園雜記》，明・陸容，北京：中華書局，1935 年 5 月第一版。

37. 《古今說海》，明・陸楫，四川：巴蜀書社，1988 年 3 月第一版。

38. 《西洋朝貢典錄》，明・黃省曾，北京：中華書局，1982 年 9 月第一版。

39. 《翰林記》，明・黃佐，臺北：臺灣商務書館，1966 年 6 月臺一版。

40. 《焦氏筆乘》，明・焦竑，上海：上海古籍出版社，1986 年 4 月第一版。

41. 《玉堂叢話》，明・焦竑，臺北：木鐸出版社，1982 年 2 月初版。

42. 《甲行日注（外三種）》，明・葉紹袁，長沙：岳麓書社，1986 年 10 月第一版。

43. 《賢博編、粵劍編、原李耳載》，明・葉權、王亨、李中馥，北京：中華書局，1987 年 8 月第一版。

44. 《今言》，明‧鄭曉，臺北：廣文書局，1969 年 9 月初版。

45. 《郁離子》，明‧劉基，上海：上海古籍出版社，1981 年 1 月第一版。

46. 《列朝詩集小傳》，明‧錢謙益，臺北：世界書局，1965 年 4 月再版。

47. 《後鑒錄》《賢博編》，明‧謝蕡、葉權，中國社會科學院歷史研明史室編：明史資料叢刊第一輯，江蘇：人民出版社，1981 年 5 月第一版。

48. 《五雜俎》，明‧謝肇淛，臺北：偉文圖書出版社，1977 年 4 月第一版。

49. 《殊域周咨錄》，明‧嚴從簡，1993 年 2 月第一版。

50. 《明史藝文志廣編》，臺北：世界書局，1976 年 12 月再版。

51. 《明會要》，清‧龍文彬，臺北：世界書局，1972 年 10 月第三版。

52. 《合印四庫全書總目提要及四庫未收書目禁燬書目》，清‧永瑢等，臺北：臺灣商務印書館，1985 年 5 月增訂三版。

53. 《千頃堂書目》，清‧黃虞稷，臺北：廣文書局，1981 年 10 月再版。

54. 《文史通義》，清‧章學誠，臺北：國史研究室，1972 年 4 年 25 月初版。

55. 《銷燬抽燬書目》（禁書總目：違礙書目），清‧英廉等編（軍機處：榮柱），臺北：廣文書局，1981 年 10 月再版。

56. 《北游錄》，清‧談遷，北京：中華書局，1981 年 8 月第一版第二次印刷。

57. 《國榷》，清‧談遷，臺北：鼎文書局，1978 年 7 月初版。

58. 《明通鑑》，清‧夏燮，臺北：西南書局，1982 年 1 月初版。

59. 《書林清話》，清‧葉德輝，臺北：文史哲出版社，1973 年 12 月初版。

60. 《顧亭林文集》，清‧顧炎武，臺北：漢京文化事業有限公司，1984 年 3 月初版。

中文論著部份

1. 《清代康雍乾三朝禁書原因之研究》，丁原基，臺北：華正書局，1983 年 2 月初版。

2. 《中國叢書綜錄》，上海圖書館編，上海：上海古籍出版社，1986 年 2 月第一版。

3. 《中國史學史概論》，王玉璋，重慶：商務印書館，1942 年。

4. 《文獻學講義》，王欣夫，上海：上海古籍出版社，1986 年 2 月第一版。

5. 《中國目錄學史論叢》，王重民，北京：中華書局出版，1984 年 12 月初版。

6. 《佛典、志怪、物語》，王曉平，江西人民出版社，1990 年 7 月第一版。

7. 《李卓吾的文學理論及其實踐》，王頌梅，臺北：私立東吳大學中文研究所碩士論文，1983 年。

8. 《世說新語研究》，王能憲，江蘇古籍出版社，1992 年。

9. 《魏晉南北朝志怪小說研究》，王國良，臺北：文史哲出版社，1982 年 5 月初版。

10. 《中國史學概要》，方壯猷，上海中國文化服務社，1947 年。

11. 《中國地方史志論叢》，中國地方史志協會，北京：中華書局，1984 年 8 月第一版。

12. 《中國史學發展史》，尹達，河南中州古籍出版社，1985 年。

13. 《中國明代新聞傳播史》，尹韻公，重慶出版社，1990 年 8 月第一版。

14. 《中國史學史》（第一冊），白壽彝，上海：上海人民出版社，1989 年 9 月第一版。

15. 《美國國會圖書館藏中國方志目錄》，朱士嘉，北京：中華書局出版，1989 年 9 月第一版。

16. 《中國古代史學史》，朱杰勤，河南人民出版社，1980 年。

17. 《朱希祖先生文集》，朱希祖，臺北：九思出版有限公司，1979 年 6 月臺一版。

18. 《陳子龍及其時代》，朱東潤，上海：上海古籍出版社，1984 年 1 月第一版。

19. 《張居正大傳》，朱東潤，臺北：臺灣開明書店，1975 年 10 月臺二版。

20. 《文徵明與蘇州畫壇》，江兆申，臺北：國立故宮博物院，1978 年 8 月初版。

21. 《關於唐寅的研究》，江兆申，臺北：國立故宮博物院，1976 年 6 月初版。

22. 《中國通俗小說總目提要》，江蘇省社會科學院明清小說研究中心文學研究所，北京：中國文聯出版社，1990 年 9 月第一版第二次印刷。

23. 《明史研究備覽》，李小林、李晟文主編，天津教育出版社，1987 年 3 月。

24. 《中國史學史》，李宗侗，臺北：中國文化大學出版部，1979 年 12 月新一版。

25. 《史學概要》，李宗侗，臺北：正中書局，1968 年。

26. 《明史散論》，李焯然，臺北：允晨出版實業股份有限公司，1988 年 4 月初版。

27. 《中國小說史漫稿》，李悔吾，湖北教育出版社，1992 年。

28. 《史學通論》，李則綱，上海：上海商務印書館，1934 年。

29. 《漢文古小說論衡》，李福清，江蘇古籍出版社，1992 年。

30. 《當代史學研究》，李豐斌譯，臺北：明文書局，1982 年 12 月初版。

31. 《中國史學史論文選集》（一）（二）（三），杜維運、黃進興、陳錦忠編，臺北：華世出版社，1985 年 2 月再版。

32. 《學術與世變》，杜維運，臺北：環宇出版社，1971 年 5 月臺初版。

33. 《清乾嘉時代之史學與史家》，杜維運，臺北：臺灣學生書局，1989 年 4 月初版。

34. 《清代史學與史家》，杜維運，臺北：東大圖書公司，1984 年 8 月初版。

35. 《中國史學史》（第一冊），杜維運，著者發行，1993 年 11 月初版。

36. 《朱元璋傳》，吳晗，北京：人民出版社，1985 年 10 月第一版。

37. 《江浙藏書家史略》，吳晗，臺北：文史哲出版社，1982 年 5 月初版。

38. 《讀史箚記》，吳晗，北京：生活讀書，1969 年。

39. 《儒教叛徒李卓吾》，吳澤，1949 年 4 月初版。（臺北翻印）

40. 《唐荊川先生研究》，吳金娥，臺北：文津出版社，1986 年 5 月初版。

41. 《隋唐歷史文獻集釋》，吳楓，河南：中州古籍出版社，1987 年 9 月第一版。

42. 《中國史學史論集》，吳澤，上海：上海人民出版社，1980 年。

43. 《中國歷史大辭典（史學史）》，吳澤、楊翼驤主編，上海：上海辭書出版社，1983 年 12 月第一版。

44. 《中國筆記小說史》，吳禮權，臺北：臺灣商務印書館，1993 年。

45. 《宋代史學思想史》，吳懷祺，合肥：黃山書社，1992 年 8 月第一版。

46. 《中國目錄學史稿》，呂紹虞，臺北：丹青圖書有限公司影印，1986 月臺一版。

47. 《四庫提要辨證》，余嘉錫，北京：中華書局，1980 年 5 月第一版。

48. 《余嘉錫論學雜著》（上），余嘉錫，上海：中華書局，1977 年第二版。

49. 《浙東學派溯源》，何炳松，北京：中華書局，1989 年 3 月第一版。

50. 《何炳松論文集》，何炳松，北京：商務印書館，1990 年 2 月第一版。

51. 《中國古代史學人物》，何茲全、趙儷生等，北京：中華書局，1988 年 5 月第一版。

52. 《劉知幾史通之研究》，林時民，臺北：文史哲出版社，1987 年 10 月初版。

53. 《李卓吾事蹟繫年》，林其賢，臺北：文津出版社，1988 年 3 月出版。

54. 《明代考據學研究》，林慶彰，臺北：臺灣學生書局，1983 年 7 月初版。

55. 《中國史學史》，金毓黻，臺北：國史研究室，1972 年 10 月 25 日臺一版。

56. 《長江三角洲地區社會經濟史研究》，洪煥椿、羅崙，南京大學出版社，

1989 年 10 月第一版。

57. 《史學與美學》，周谷城，上海：人民出版社，1980 年 11 月初版。

58. 《中國史學史提綱》，周谷城，載《中國史學之進化》，1947 年。

59. 《史學通論》，周容，上海開明書店，1933 年。

60. 《目錄學》，姚名達，臺北：臺灣商務印書館，1973 年 8 月臺二版。

61. 《中國目錄學年表》，姚名達，臺北：臺灣商務印書館，1971 年 3 月臺二版。

62. 《中國目錄學史》，姚名達，臺北：臺灣商務印書館，1988 年 2 月臺九版。

63. 《中國史學簡目》，施丁，河南：中州古籍出版社，1987 年。

64. 《話本小說概論》，胡士瑩，臺北：丹青圖書有限公司，1983 年 5 月再版。

65. 《歷史知識與社會變遷》，胡昌智，臺北：聯經出版事業公司，1988 年 12 月初版。

66. 《歷史知識的理論》，胡昌智譯，臺北：聯經出版事業公司，1987 年第二次印行。

67. 《中國古代的類書》，胡道靜，北京：中華書局出版，1982 年 2 月第一版。

68. 《國史要義》，柳詒徵，臺北：臺灣中華書局，1973 年 11 月臺五版。

69. 《柳詒徵史學論文集》，柳詒徵，上海：上海古籍出版社，1991 年 12 月第一版。

70. 《中國文言小說參考資料》，侯忠義，北京大學出版社，1985 年 4 月第一版。

71. 《漢魏六朝小說史》，侯義忠，春風文藝出版社，1989 年。

72. 《王弇州的生平與著述》，姜公韜，國立臺灣大學文學院文史叢刊，1974 年 12 月初版。

73. 《王世貞評傳》，許建崑，臺中：私立東海大學中文研究所碩士論文，1976 年 6 月。

74. 《中國印刷史》，張秀民，上海：上海人民出版社，1989 年 9 月第一版。

75. 《唐代的史館與史官》，張榮芳，臺北：私立東吳大學中國學術著作獎助委員會，1984 年 6 月初版。

76. 《黃梨洲及其史學》，張高評，臺北：文津出版社，1989 年 10 月初版。

77. 《永樂大典史話》，張忱石，北京：中華書局，1986 年 3 月第一版。

78. 《中國史學史論叢》，張孟倫，蘭州大學歷史系印行，1980 年。

79. 《中國史學史》，張孟倫，蘭州：甘肅人民出版社，1983 年。

80. 《史學三書平議》，張舜徽，臺北：儒雅書局，1985 年 3 月初版。

81. 《中國古代史學略》，陶懋炳，湖北人民出版社，1987 年。

82. 《永樂皇帝》，商傳，北京出版社，1989 年 3 月第一版。

83. 《晚清小說理論》，康來新，臺北：大安出版社，1986 年 6 月初版。

84. 《中國史研究指南（四、明清部份）》，高明士主編，臺北：聯經出版事業公司，1980 年 5 月初版。

85. 《黃佐生平及其史學》，高春緞，高雄：文化出版社，1992 年 6 月初版。

86. 《中國古代史學史概要》，高國抗，廣東高等教育出版社，1985 年 8 月第一版。

87. 《明代思想史》，容肇祖，臺北：臺灣開明書店，1987 年 10 月臺五版。

88. 《明末奇才——張岱論》，夏咸淳，上海：上海社會科學院出版社，1989 年 1 月第一版。

89. 《中國文言小說書目》，袁行霈、侯忠義編，北京大學出版社，1981 年 11 月第一版。

90. 《中國近代史學史》，袁英光、桂尊義，江蘇古籍出版社，1989 年 5 月第一版。

91. 《章學誠和文史通義》，倉修良，北京：中華書局，1984 年 12 月第一版。

92. 《中國小說敘事模式的轉變》，陳平原，上海：上海人民出版社，1998 年。

93. 《中國史學史論叢》，陳光崇，瀋陽：遼寧人民出版社，1984 年。

94. 《中國史學家評傳》，陳清泉、蘇雙碧、李桂梅、蕭黎、葛增福編，河南：中州古籍出版社，1985 年 3 月第一版。

95. 《張岱生平及其小品文研究》，陳清輝，高雄：國立高雄師範學院國文研究所碩士論文，1198 年 1 月 6 日。

96. 《國史舊聞》，陳登原，臺北：明文書局，1981 年 9 月初版。

97. 《明清實學思潮史》，陳鼓應、辛冠潔、葛榮晉，濟南：齊魯書社，1989 年 7 月第一版。

98. 《悄悄散去的幕紗——明代文化歷程新說》，陳寶良，陝西：人民教育出版社，1988 年 12 月第一版。

99. 《被歷史遺忘的一代哲人——論楊升庵及其思想》，陸復初，雲南人民出版社，1990 年 7 月第一版。

100. 《中國史學史》，陸德懋，北平師範大學內部印行。

101. 《徐渭的文學與藝術》，梁一成，臺北：藝文印書館，1978 年 1 月初版。

102. 《中國歷史研究法（附補編）》，梁啓超，臺北：臺灣中華書局，1973 年 11 月臺十版。

103. 《飲冰室文集》，梁啓超，臺北：臺灣中華書局，1970 年 10 月臺二版。

104. 《明清文化史散論》，馮天瑜，湖北：華中工學院出版社，1984 年 2 月第一版。

105. 《從史著論史學》，楊寅生譯，臺北：久大文化股份有限公司，1990 年 3 月初版。

106. 《照隅室古典文學論集》，郭紹虞，臺北：丹青圖書有限公司，1985 年 10 月臺一版。

107. 《中國文學新論》，郭紹虞，板橋：元山書局，1986 年翻印。

108. 《中國小說史》，郭箴一，臺北：臺灣商務印書館，1988 年臺八版。

109. 《永樂大典考》，郭伯恭，臺北：臺灣商務印書館，1972 年 10 月臺二版。

110. 《劉知幾的實錄史學》，許冠三，香港：中文大學出版社，1983 年初版。

111. 《晚明性靈小品》，曹淑娟，臺北：文津出版社，1988 年 7 月出版。

112. 《嚴嵩評傳》，曹國慶、趙樹貴、劉良群，上海：上海社會科學院出版社，1989 年 8 月第一版。

113. 《中國史學 ABC》，曹聚仁，上海：世界書局，1930 年。

114. 《國立中央圖書館善本書目》，國立中央圖書館特藏組，臺北：國立中央圖書館，1986 年 12 月增訂二版。

115. 《中西史學史研討會論文集》，國立中興大學歷史系，臺南：久洋出版社，1986 年 1 月初版。

116. 《中西史學史研討會論文集（第二屆）》，國立中興大學歷史系，臺南：久洋出版社，1987 年 8 月初版。

117. 《第三屆史學史國際研討會論文集》，國立中興大學歷史系，臺中：青峰出版社，1991 年 2 月初版。

118. 《湯顯祖傳》，黃文錫，吳鳳雛，北京：中國戲劇出版社，1986 年 6 月第一版。

119. 《廿二史箚記研究》，黃兆強，臺北：臺灣學生書局，1994 年 3 月初版。

120. 《歷史主義與歷史理論》，黃進興，臺北：允晨文化，1992 年初版。

121. 《四庫全書纂修研究》，黃愛平，北京：中國人民大學出版社，1989 年 1 月第一版。

122. 《史通箋記》，程千帆，北京：中華書局，1980 年 11 月第一版。

123. 《古小說簡目》，程毅中，中華書局，1981 年 4 月第一版。

124. 《清朝官方史學研究》，喬治忠，臺北：文津出版社，1994 年 3 月初版。

125. 《史通的歷史敘述理論》，彭雅玲，臺北：文史哲出版社，1993 年 6 月初版。

126. 《中國藏書家考略》，楊立誠、金步瀛，上海：上海古籍出版社，1987 年 4 月第一版。

127. 《中國小說與文化》，楊毅，臺北：業強出版社，1993 年 8 月初版。

128. 《中國歷史文獻學》，楊燕起、高國抗，北京：書目文獻出版社，1989 年 9 月第一版。

129. 《中國歷代年譜總錄》，楊殿珣，北京：書目文獻出版社，1980 年 11 月第一版。

130. 《國史探微》，楊聯陞，臺北：聯經出版事業公司，1991 年 5 月第三次印行。

131. 《中國史學史資料編年》，楊翼驤，天津南開大學，1987 年。

132. 《中古史學觀念史》，雷家驥，臺北：臺灣學生書局，1990 年 10 月初版。

133. 《祝允明》，葛鴻楨，北京：紫禁城出版社，1988 年 5 月第一版。

134. 《中國志人小說史》，寧稼雨，遼寧人民出版社，1991 年。

135. 《復古派與明代文學思潮》，廖可斌，臺北：文津出版社，1994 年 2 月初版。

136. 《余子俊研究》，廖瑞銘，中國文化大學史學研究所碩士論文，1985 年 6 月。

137. 《中國古代史學史綱》，鄒賢俊，湖北：華中師範大學出版社，1989 年 9 月第一版。

138. 《中國史學史》，衛聚賢，暨南大學內部印行，1933 年。

139. 《國史史料學（明代史料）》，鄭克晟，臺北：崧山書社，1985 年 8 月出版。

140. 《明代政爭探源》，鄭克晟，天津：天津古籍出版社，1988 年 12 月第一版。

141. 《董其昌年譜》，鄭威，上海書畫出版社，1989 年 6 月第一版。

142. 《呂坤年譜》，鄭涵，河南：中州古籍出版社，1985 年 4 月第一版。

143. 《明嘉靖年間朱子學派批判王學思想研究》，鄭德熙，中國文化大學史學研究所博士論文，1990 年 6 月。

144. 《中國史部目錄學》，鄭鶴聲，臺北：華世出版社，1974 年 10 月初版。

145. 《華蓋集》，魯迅，臺北：風雲時代出版公司，1989 年 10 月初版。

146. 《中國小說史略》，魯迅，臺北：谷風出版公司翻印。

147. 《中國文學批評史》，劉大杰，臺北：文匯堂印行，1985 年 11 月初版。

148. 《中國文學發展史》，劉大杰，臺北：上海古籍出版社出版，1984 年 2 月新一版第二次印刷。

149. 《兩宋史研究彙編》，劉子健，臺北：聯經出版事業公司，1987 年 11 月出版。

150. 《古籍叢書概說》，劉尚恒，上海古籍出版社出版，1989 年 12 月初版。

151. 《中國史學史稿》，劉節，河南中州書畫社出版，1982 年。

152. 《北宋中期儒學復興運動》，劉復生，臺北：文津出版社，1991 年 6 月初版。

153. 《宋代修史制度研究》，蔡崇榜，臺北：文津出版社，1991 年 6 月初版。

154. 《明史藝文志史部補》，蔣孝瑀，臺北：臺聯國風出版社，1969 年 1 月出版。

155. 《史學纂要》，蔣祖怡，重慶正中書局，1944 年。上海正中書局。

156. 《十駕齋養新錄》，錢大昕，臺北：臺灣商務印書館，1978 年 2 月臺一版。

157. 《徐文長論傳》，駱玉明、賀經遂，浙江古籍出版社，1987 年 8 月第一版。

158. 《閱微草堂筆記研究》，賴芳伶，國立臺大文史叢刊 60，國立臺灣大學出版委員會 1982 年 6 月。

159. 《史學概要》，盧紹稷，上海商務印書館，1930 年。

160. 《增訂晚明史籍考》，謝國楨，上海：上海古籍出版社，1981 年 2 月新一版。

161. 《明末清初的學風》，謝國楨，臺北：仲信出版社翻印。

162. 《明清筆記談叢》，謝國楨，上海：上海古籍出版社，1981 年 3 月新一版。

163. 《明清之際黨社運動考》，謝國楨，北京：中華書局，1982 年 11 月第一版。

164. 《明代社會經濟史料選編》，謝國楨，（明代野史筆記資料輯錄之一），福建人民出版社，1987 年 7 月第一版。

165. 《小說見聞錄》，戴不凡，臺北：木鐸出版社，1983 年 4 月（影印）初版。

166. 《中國史學史》，魏應麒，上海商務印書館，1941 年。

167. 《明代文學批評研究》，簡錦松，臺北：學生書局，1989 年 2 月初版。

168. 《中國史學散論》，瞿林東，湖南教育出版社，1992 年 8 月第一版。

169. 《唐代史學論稿》，瞿林東，北京師範大學出版社，1989 年 3 月第一版。

170. 《嘉靖專制政治與法制》，懷效鋒，湖南教育出版社，1989 年 3 月第一版。

171. 《四朝政治風雲》，懷效鋒，四川：人民出版社，1988 年 3 月第一版。

172. 《史學概要》，羅元鯤，武昌亞新地學社，1931 年。

173. 《浙江藏書家藏書樓》，顧志興，浙江：人民出版社，1987 年 11 月初版。

174. 《當代中國史學》，顧頡剛，勝利出版社，1947 年。

中文參考期刊論文目錄

1. 〈尊法反儒的珍本《史綱評要》〉，力始，《圖書通訊（廈門）》，1974 年第三期。

2. 〈《萬曆野獲編》校補〉，王立中，《文瀾學報》，1936 年 6 月，2：2。

3. 〈宋人筆記的史料價值〉，王瑞明，《中國歷史文獻研究》，武昌，1986 年。

4. 〈千頃堂書目考〉，王重民，《國學季刊》，七卷一期，北京，1950 年。

5. 〈由宋史質談到明朝人的宋史觀〉，王德毅，《國立臺灣大學歷史系學報》，1977 年 5 月第七期。

6. 〈王學的崛起和晚明社會思潮〉，包遵信，《中國文化研究集刊》第二輯，復旦大學出版社，1985 年 2 月第一版。

7. 〈王世貞及其史學——為《弇山堂別集》影印出版作〉，包遵彭，《新時代》，1965 年 8 月，5：8。

8. 〈評《李東吾批點皇明通紀》〉，司徒季，《學習與批判》，1974 年，十二期。

9. 〈從宋濂和王禕的史學成就〉，朱仲玉，《史學史研究季刊》，1983 年（四）pp.41～48。

10. 〈國史學史書錄〉，朱仲玉，《史學史研究季刊》，1981 年 2 月。

11. 〈明代福建史家柯維騏和《宋史新編》〉，朱仲玉，《福建論壇》，1984 年 1 月。

12. 〈讀朱國楨《湧幢小品》〉，朱介凡，《聯合報》，1963 年 4 月 23 日。

13. 〈晚明史籍考序〉，朱希祖，《文史學研究所月刊》，1933 年 2 月，1：2。

14. 〈胡應麟年譜〉，吳晗，《清華學報》，九卷一期，1934 年 1 月。

15. 〈謝肇淛的史學〉，吳智和，第二屆國際漢學會議宣讀論文。

16. 〈何良俊的史學〉，吳智和，《明史研究專刊》，第八期，1985 年 12 月。

17. 〈朱國楨的史學〉，吳智和，《明史研究專刊》，第八期，1985 年 12 月。

18. 〈略談李贄對儒家反動歷史觀的批判〉，林其泉，《廈門大學學報（哲社）》，1976 年第二期。

19. 〈清人筆記的史料價值〉，來新夏，《九州學刊》，四：1。

20. 〈焦竑國史經籍志的評價〉，昌彼得，《屈萬里先生七秩榮慶論文集》，臺

北：聯經出版公司，1978 年。

21. 《國立故宮博物館、中央圖書館所藏明代方志聯合書目》，昌彼得、喬衍琯合編，《故宮季刊》第一卷第三、四期，1967 年 1 月。

22. 〈《四庫全書總目提要》論史書編纂〉，周少川，《史學史研究季刊》，1985 年（一）。

23. 〈論「義理」在當今史學中的意義及評估原則〉，胡成，《中國史研究》1992 年第二期。

24. 〈建文遜國傳說的演變（跋崇禎遜國遺書殘本）〉，胡適，《歷史語言研究所集刊》，1928 年，一本一分冊。

25. 〈從《容齋隨筆》看洪邁的史學〉，施丁，《史學史研究季刊》，1982 年，（二）pp. 41～48。

26. 〈明代野史述論〉，姜勝利，《南開大學學報》，1987 年（二）。

27. 〈明代社會風氣的變遷——以江、浙地區爲例〉，徐泓，《第二屆國際漢學議論文集》，1979 年 6 月。

28. 〈焦竑及其思想〉，容肇祖，《燕京學報》，二十三期，1938 年 6 月。

29. 〈論傳統史學方法〉，張文健，《中國史研究》，1992 年第二期。

30. 〈影印《大明會典》序〉，張其昀，《中國一周》，1963 年 9 月第六九九期。

31. 〈萬季野與明史〉，張須，《東方雜誌》33：14，1936 年 7 月。

32. 〈焦竑及其思想〉，容肇祖，《燕京學報》二十三期。

33. 〈何謂「稗官野史」？〉，袁庭棟，《文史知識》，1987 年 3 月。

34. 〈夏瑰琦，李贄史學思想簡論〉，倉修良，《杭州師院學報》，1982 年 4 月。

35. 〈一篇頌法揚秦的歷史述評——讀李贄〈史綱評要，後秦記〉〉，翁光宇，《廣東師院學報》，1974 年 2 月。

36. 〈試論李贄的史學觀〉，陳曼平、張克，《湖南師院學報》，1984 年 3 月。

37. 〈明代文化縱談〉，陳寶良，《光明日報》，1987 年 11 月 11 日。

38. 〈筆記小說的整理與運用〉，郭立誠，《中華文化復興月刊》9.5.。

39. 〈李贄史論新探〉，陶懋炳，《史學史研究季刊》，1985 年（一）。

40. 〈談《史綱評要》的眞僞問題〉，崔文印，《文物》1975 年第八期。

41. 〈記明天順成化間大臣南北之爭〉，陳綸緒，《中國學誌》第一卷第一號。

42. 〈明太祖文字獄案考疑〉，陳學霖，《國際漢學會議論文集》。

43. 〈關於〈明太祖實錄〉三修本的評價問題〉，商傳，《文史》第二十八輯。

44. 〈傅吾康《明代史籍彙考》〉，黃秀政，《中國歷史學會史學集刊》，1975

年 5 月第七期。

45. 〈明代的地方志〉，黃燕生，《史學史研究季刊》，1989 年（四）。

46. 〈《皇明世法錄》影印本評介〉，黃彰健，《書目季刊》，1966 年 9 月，1：1。

47. 〈晚明考證學風的學趣〉，嵇文甫，《鄭州大學學報（人文）》，1963 年（三）。

48. 〈明各朝實錄之纂修及現存抄本考〉，傅吾康撰、胡令節譯，《中德學志》1943 年 5.5：1.2。

49. 〈裴松之與魏晉史學評論〉，逯耀東，《食貨復刊》十五：3.4。

50. 〈從隋書經籍史部形成論魏晉史學轉變的歷程〉，逯耀東，《食貨復刊》十：4。

51. 〈魏晉別傳的時代性格〉，逯耀東，《中央研究院國際漢學會論文集》，1981 年。

52. 〈魏晉志異小說與史學的關係〉，逯耀東，《食貨復刊》十二：4.5。

53. 〈明末清初史學底時代意義〉，寓署，《群眾周刊》，1944 年 3 月 4 日，9：7。

54. 〈再論晚明之反衛道史學 —— 評藏書世紀目錄〉，楊實，《大公報史地周刊》1936 年 8 月 7 日，第九十七期。

55. 〈明代中後期的三股史思潮〉，葛兆光，《史學史研究季刊》，1985 年（一），pp. 29～38。

56. 〈杜佑與中唐史學〉，葛兆光，《史學史研究季刊》，1985 年（一）。

57. 〈明清之間中國史學思潮的變遷〉，葛兆光，《北京大學學報》（哲學社會科學版），1985 年第二期。

58. 〈哈佛大學合佛燕京學社圖書館藏明代類書概述（上）〉，裘開明，《清華學報》，新 2：2，1961 年，pp. 93～115。

59. 〈李贄之史學〉，趙令揚，香港：史學研究會印行，1975 年 6 月。

60. 〈明代掌故筆記的史學價值 —— 以「菽園雜記」爲中心〉，廖瑞銘，《國立中興大學歷史系第三屆史學史國際研討會論文集》，臺中，1981 年 2 月出版。

61. 〈評李贄的《藏書》〉，鄭乃、唐再興，《江蘇師院學報》，1974 年第三期。

62. 〈明代在文化史上的估價〉，劉子健，《食貨》。

63. 〈《明代史籍彙刊》敘錄〉，劉兆祐，《書目季刊》，1969 年 12 月，4：2。

64. 〈論明中葉當代史研撰的勃興〉，錢茂偉，《江漢論壇》，1992 年第八期。

65. 〈晚明史家何喬遠及其《名山藏》初探〉，錢茂偉，《福建論壇》，1992 年第二期。

66. 〈歸有光 —— 命定論的改革主義者〉，盧建榮，食貨。

67. 〈明代前期的朱學統治與學術史研究的朱學特色〉，盧鐘鋒。

68. 〈晚明史籍考序例〉，謝國楨，《學文》1933 年 6 月，1：3。

69. 〈明清野史筆記概述〉，謝國楨，《明史研究論叢》，第一輯，中國社會科學院歷史研究所明史研究室編，江蘇人民出版社，1982 年 4 月第一版。頁 37。

70. 〈胡應麟之生平及詩藪產生之背景〉，簡錦松，《中國市專學報》，第四期，1983 年 6 月。

71. 〈鄭曉讀鹽邑志林本古言今言類編〉，藏暉，《大公報》1946 年 11 月 6 日。

72. 〈跋《萬曆野獲編》〉，龐石帚，《四川大學學報（社）》1959 年第四期。

73. 〈王世貞的史學〉，顧誠，《明史研究論叢》第二輯，蘇人民出版社，1983 年。

74. 〈從〈戰國論〉看李贄的進步歷史觀〉，顧兆宏、湯化，《福建師大學報》，1974 年第四期。

75. 〈「史通」析徵〉，龔鵬程，《幼獅學誌》，20：4。

英日文期刊及論著

1. 《明代經世文分類》，東洋文庫明代史研究委員會，1986 年 3 月。

2. 《內藤湖南全集》，內藤虎次郎，第十一卷，支那史學史，日本，筑磨書房，1969 年 11 月，頁 270。

3. 〈祝允明的史學〉，間野潛龍，《史林》，五十一卷一號，1968 年 1 月。

4. 〈明王朝成立的軌跡——以洪武朝的疑獄事件與京師問題為主〉，檀上寬，東洋史研究三十七卷第三號，1978 年 12 月。

5. 〈明實錄雜考〉，淺野史允，北亞細亞學報 3（Oct 1944）pp.254～85。

6. 〈明代史通學〉，增井經夫，東方學十五輯，1957 年 12 月。

7. 〈史通之傳承〉，增井經夫，《金澤大學文學部論集》，哲史篇 2，1954 年。

8. Becker, Carl L. "Everyman His Own Historian." The American Historical Review, Volume XXXVII, January, 1932.

9. Balazs, Etienne. *Chinese Civilization and Bureaucracy*, Yale University, Fourth printing, November 1968.

10. Chan, Hok-Lam,（陳學霖）*Li Chih in contemporary Chinese Historiography*. White Plan, N.Y.: M.E. Sharp, 1980.

11. Chien, Edward T. *Chiao Hung and the Restructuring of NeoCenfucianism in the Late Ming*. New York: Columbia University Press, 1986.

12. Chu Hung-lam（朱鴻林）. *Ch'iu Chun（1421～1495）and the Tahsueh yen-I Pu: Statecraft Thought in fifteen-Century China*. AnnArbor: university

Microfilms International, Michign, 1983.

13. Franke, Herbert "Some Aspects of Chinese Private Historiography in the Thirteenth and Fourteenth Centuries." In Historians of Chian and Japan, ed. W. B. Beasley and E. G. Puleeyblank. London: OXFORD University Press, 1961 pp.115～134.

14. Franke, Wolfgang, (傅吾康) *An Introduction to the Sources of Ming History.* (明代史籍彙考) Kuala Lumpur and Singapore: University of Malaya Press, 1968.

15. Goodrich, L. Carrington and Chaoying Fang, ed. *Dictionary of Ming Biography, 1368～1644* (明代名人傳), New York and London: Columbia University Press, 1976.

16. Hummel, A.W.,ed. *Eminent Chinese of The Ching Preiod 1644～1912.* Taipei: Literature House, 1964.

17. Mote, Frederick W. and Denis Twitchett ed., *The Camprige History of China*, Volume 7, The Ming Dynasty, 1368～1644, Part 1, Cambrige Univesity Press, 1988 First Published.

18. Murck, Christian, *Chu Yun-Ming (1461～1527) and Cultural Commitment in Soochow.* Ann Arbor, Mich: University Microfilms International, 1978.

19. Wu, K. T. (吳光清) "Ming Printing and Printers." HJOAS, 7 (1942～43), pp.203～60.

附 錄

一、《國立中央圖書館善本書目》所存明代野史作品

（包括史部傳記類、政書類、子部雜家類、小說類、類書類）

丁明登　《古今長者錄》，八卷，明天啓二年刊本。

于愼行　《穀山筆麈》，十八卷，明萬曆末年東阿于氏家刊本。

尹　直　《謇齋瑣綴錄》，八卷，明嘉靖七年泰和尹氏家刊本。

毛　起　《口筆刀圭錄》，九卷，明萬曆丁亥（十五年）刊本。

文原吉　《昭鑒錄簡略》，二卷，不著節錄人，明朱絲欄鈔本。

文震孟　《姑蘇名賢小紀》，二卷，明萬曆末年長洲文氏竺塢刊本。

文元發　《學圃齋隨筆》，舊抄本。

王　達　《筆疇二卷》，明正德己卯（十四年），李彥昇湖南刊本。

王　鏊　《震澤紀聞》，二卷；續紀聞，一卷；長語，二卷；明王永熙刊本。

王　圻　《稗史彙編》，一百七十五卷，明萬曆三十八年豫章熊劍化雲間刊本。

王　圻　《三才圖會》，一百〇六卷，明萬曆己酉（三十七年）原刊本，附圖。

王　圻　《續文獻通考》，二百五十四卷，明萬曆癸卯（三十一年）松江府刊本。

王　錡　《寓圃雜記》，二卷，明藍格鈔本，東大。

王　蓂　《歷代忠義錄》，十四卷，明嘉靖間刊本。

王兆雲　《白醉瑣言》，二卷，明三衢徐應瑞刊本。

王兆雲　《新刻王氏青箱餘》，十卷，明萬曆丁巳（四十五年）書林李少泉聚奎樓刊本。

王兆雲	《皇明詞林人物考》，十二卷，明萬曆間刊本。
王文祿	《竹下寤言》，二卷，明隆慶二年刊丘陵學山本。
王肯堂	《鬱岡齋筆塵》，四卷，明萬曆壬寅（三十年）王懋錕刊本。
王廷相	《雅述》，二卷，明嘉靖戊戌（十七年）新安謝鎰刊本。
王建極	《蓬園螭銜錄》，四十卷，明崇禎八年洛陽王氏悠然堂刊本。
王光裕	《客窗餘錄、詩林玉屑》，二十二卷，孫屐恆、羅秀士同註明刊本。
王世貞	《李卓吾批點世說新語補》，二十卷，明萬曆間刊本。
王世貞	《世說新語補》，二十卷，張文柱校註，明萬曆乙酉（十三年）張氏原刊本。
王世貞	《嘉靖以來內閣首輔傳》，八卷，明刊本。
王同軌	《新刻耳談》，五卷，明萬曆間金陵書坊世德堂重刊本。
王承裕	《天恩存問錄前集》，一卷；後集一卷；續集一卷；又續集一卷；附錄一卷，明正德元年三原王氏刊本。
方弘靜	《千一錄》，二十六卷，明萬曆間原刊本。
方　鵬	《崑山人物誌》，十卷，明嘉靖間刊本。
田藝衡	《留青日札》，三十九卷，明隆慶壬申（六年）錢唐田氏刊本。
包大爟	《聖門通考》，十二卷；聖明年譜，二卷，明萬曆間書林清心堂刊本。
伍袁萃	《林居漫錄前集六卷》，別集九卷；畸集五卷；多集六卷；明萬曆間古吳袁氏原刊本。
朱國楨	《湧幢小品》，三十二卷，明天啓壬戌（二年）湖上朱氏原刊本。
朱孟震	《浣水續談》，一卷，明萬曆間刊本。
朱大韶	《皇明名臣墓銘》，八卷，明藍格鈔本。
朱睦㮮	《皇朝中州人物志》，十六卷，明隆慶二年朱氏家刊本。
朱　健	《古今治平略》，三十三卷，明崇禎十二年原刊本，墨批。
朱應奎	《翼學編》，十三卷，明萬曆間刊本。
朱謀瑋	《藩獻記》，四卷，明萬曆間刊本。
朱瑞圖	《女史全編》，二卷，明啓禎間萬卷堂刊本。
朱常㵺	《古今宗藩懿行考》，十卷，明崇禎九年潞藩刊本。
江學詩	《景行錄》，十二卷，明隆萬間原刊本。
江應曉	《對問編》，八卷，明萬曆間原刊本。
吳人望	《非言》，四卷，明鈔本，清同治七年徐時棟手書題記。

吳　蕃　　《三傳》，八卷，明嘉靖間原刊本。

吳震元　　《奇女子傳》，四卷，明末刊本。

吳伯與　　《國朝內閣名臣事略》，存十五卷，明崇禎壬申（五年）宣城李尙仁刊本。
　　　　　缺卷十五。

吳伯與　　《宰相守令合宙》，二十四卷，明崇禎間刊本。

吳之器　　《嫠書》，八卷，明崇禎辛巳（十四年）刊本。

吳　牲　　《安危注》，四卷，清初葉吳氏家刊本。

吳安國　　《瓦編》，十卷，二編十二卷，明萬曆間西安縣丞朱朝貞、嶺南張萱遞刊
　　　　　本。

李豫亨　　《推蓬寤語》，九卷；餘錄一卷，明隆慶間原刊本。

李　贄　　《疑耀》，七卷，明萬曆戊申（三十六年）嶺南張萱刊本。

李　贄　　《初潭集》，三十卷，明萬曆間刊本。

李　贄　　《枕中十書》，十卷，明萬曆間刊鈔補本。

李　贄　　《大雅堂訂正枕十書》，十卷，明大雅堂刊本。

李　篙　　《黃谷瑣談》，四卷，清乾隆三十八年兩淮鹽政李質穎進呈舊鈔本，近人
　　　　　鄧邦述手校并題記。

李　詡　　《戒菴老人漫筆》，八卷，明萬曆丁酉（二十五年）江陰李氏刊本。

李　默　　《新鐫孤樹哀談》，十卷，明萬曆辛丑（二十九年）金陵宗文書舍刊本。

李　樂　　《見聞雜記》，九卷，續二卷，明萬曆間吳興朱國楨校刊本。

李　濂　　《醫史》，五卷，明姚咨手鈔本，清韓應陛手跋。

李　唐　　《武林旌德全志》，二卷，明天啓丙寅（六年）刊清順治間增補本。

李茂春　　《花田紀事》，六卷；續紀六卷，明萬曆間原刊本。

李仲撰　　《義命彙編》，十二卷，明嘉靖癸丑（三十二年）桂林李氏原刊本。

李日華　　《六研齋筆記》，四卷；二筆四卷；三筆四卷，明啓禎間原刊本。

李日華　　《時物典彙》，二卷，魯重民補訂明末刊本。

李紹文　　《皇明世說新語》，八卷，明萬曆庚戌（三十八年）雲間李氏原刊本。

李東陽　　《大明會典》，一百八十卷，明翻正德四年司禮監刊白口本。

何　鏜　　《高奇往事》，十卷，明萬曆間刊本。

何孟春　　《餘多序錄》，六十五卷，明嘉靖戊子（七年）郴州何氏原刊本。

何良俊　　《四友齋叢說》，三十八卷，明隆慶己巳（三年）華亭何氏原刊本。

何良俊　　《何氏語林》，三十卷，明嘉靖辛亥（三十年）華何氏清森閣刊本。

何三畏　《新刻何氏類鎔》，三十五卷，明萬曆己未（四十七年）雲間何氏原刊本。

何三畏　《雲間志略》，二十四卷，明天啓三年刊本。

何應彪　《彙考策林》，存三卷，明萬曆壬寅（三十年）刊本。存卷一至卷三。

何出光　《蘭臺法鑒錄》，二十卷，明萬曆丁酉（二十五年）安邑陳遇文刊本。

何如召　《遼左六忠述二卷附遼事》，一卷，明末刊本。

呂維祺　《聖賢像贊》，三卷，明崇禎間刊本。

呂　坤　《呂公實政錄》，十卷，明萬曆戊戌（二十六年）湖廣巡按趙文炳刊本，
　　　　清趙永手書題記。

呂　坤　《展城或問》，一卷，明萬曆辛丑（二十九年）刊本。

沈　周　《客座新聞》，一卷，明刊名賢說海本。

沈弘宏　《新刊嫖賭機關》，二卷，明德聚堂刊本。

沈夢熊　《歷代相業考》，一卷；皇明軍功考，一卷，明天啓三年吳郡費邦教等刊
　　　　本。

沈朝陽　《闕里書》，八卷，陳之伸增補，明崇禎間原刊本。

汪廷訥　《人鏡陽秋》，二十二卷，明萬曆庚子（二十八年）新都汪氏環翠堂原刊
　　　　本，附圖。

宋端儀　《立齋閒錄》，四卷，明鈔本，清李文思批校。

宋　雷　《西吳里語》，四卷，明嘉靖間吳興宋氏家刊公牘紙印本，

宋端儀　《考亭淵源錄初稿》，存十二卷，舊鈔本，缺卷一、卷二朱子。

余懋學　《麗事館余氏辨林》，五卷，明萬曆間刊本。

金賁亨　《道南書院錄》，五卷，明嘉靖己未（三十八年）建寧知府劉佃刊本。

金　忠　《瑞世良英》，五卷，明崇禎十一年刊本，附圖。

林　達　《宸翰錄》，三卷，明嘉靖間刊萬曆初年增補本。

林之盛　《皇明應諡名臣備考錄》，十二卷，明萬曆乙卯（四十三年），錢塘林氏原
　　　　刊本。

來斯行　《槎菴小乘》，明崇禎辛未（四年）西陵來氏原刊本。

卓明卿　《卓氏藻林》，八卷，明萬曆辛巳（九年）吳郡王世懋，香室刊本。

周　錫　《玄亭閒話》，六卷，明隆慶元年太倉張振之刊本。

周汝登　《聖學宗傳》，十八卷，陶望齡訂正，明萬曆乙巳（三十三年）東越王氏
　　　　刊本。

邵　寶　《對客燕談》，一卷，明嘉靖丙申（十五年）姚咨傳鈔秦艾齋摘錄本，姚
　　　　氏及清黃丕烈、張蓉鏡各手跋。

祝允明　《祝子罪知錄》，十卷，明萬曆間刊本。

祝允明　《野記》，四卷，明玉笥山人毛文燁刊本。

祝允明　《祝子志怪錄》，五卷，明萬曆壬子（四十年）祝世廉刊本。

祝允明　《成化間蘇材小纂》，四卷，明藍格鈔本。

祝世祿　《祝子小言》，一卷，明萬曆甲午（二十二年）還古書院刊本。

祝世祿　《環碧齋小言》，一卷，明萬曆間寫刊本。

祝　彥　《祝氏事偶》，十五卷，明崇禎丙子（九年）祝氏刊本。

胡應麟　《少室山房筆叢》三十二卷；續集十三卷；甲乙剩言一卷；明天啓間刊本。

胡　侍　《墅談》，六卷，明嘉靖丙午（二十五年）西安刊本。

胡文煥　《從祀考》，一卷，明刊格致叢書本。

皇甫汸　《白泉子緒論》，一卷，明嘉靖癸亥（四十二年）長洲皇甫氏家刊本。

皇甫錄　《近峰聞略》，明藍格鈔本。

茅　瓚　《見滄先生待問錄》，四卷，明隆慶壬申（六年）錢塘茅氏原刊本。

郁　袞　《革朝遺忠錄》，二卷；續錄一卷，明嘉靖乙酉（四年）清江敖英校刊本。

郎　瑛　《七修類稿》，五十一卷；續稿七卷；明嘉靖間閩中原刊嘉隆間錢塘陳植
　　　　槐續刊本。

俞　弁　《山樵暇語》，十卷，明藍格鈔本。

俞安期　《唐類函》，二百卷，明萬曆癸卯（三十一年）東吳俞氏原刊本。

馬　璁　《恩命餘錄》，一卷，明萬曆十八年爲馬愨重刊本。

馬大壯　《天都載》，六卷，明萬曆庚戌（三十八年）新都馬氏刊本。

徐　𤊹　《徐氏筆精》，八卷，明崇禎壬申（五年）晉安邵捷春刊本。

徐　吉　《瞿涇雜俎》，一卷，明刊本。

徐　廣　《談冶錄》，十二卷，明萬曆癸丑（四十一年）陳仲麟刊本。

徐　渭　《青藤山人路史》，二卷，明末刊本。

徐　渭　《振雅雲箋》，十卷，明刊本。

徐　充　《暖姝由筆》，三卷；汴遊錄一卷；明萬曆丙午（三十四年）江陰李如一
　　　　刊藏說小萃本。

徐　咸　《皇明名臣言行錄前集》，存六卷；後集；存六卷；明嘉靖己酉（二十八
　　　　年）海鹽縣丞施漸刊本，前集存卷一至卷六、後集存卷七至卷十二。

徐　紘　《皇明名臣琬琰錄》，二十四卷，後錄二十二卷，續錄八卷，王道端續編
　　　　明嘉靖辛酉（三十年）武進王氏刊本。

徐學聚　《國朝典彙》，二百卷，明天啓甲子（四年）徐氏刊本。

徐元太　《全史吏鑑》，四卷，明萬曆庚子（二十八年）登州府刊本。

徐元太　《喻林》，八十卷，明萬曆間中州何原刊本。

徐樹丕　《識小錄》，四卷，佛蘭草堂鈔本。

徐復祚　《三家村老委談》，四卷，清光緒間常熟翁氏鈔本，清翁同龢手校并題記三則。

徐日久　《駑言》，十八卷，明崇禎元年漳州知府施邦曜刊本。

徐　吉　《巡方摘略》，一卷，明刊本。

孫愼行　《事編》，八卷，明崇禎間原刊本。

晁　瑮　《晁氏寶文堂書目》，三卷，明藍格鈔本。

高　濂　《雅尙齋遵生八牋》，十九卷，明萬曆間建邑書林熊氏種德堂刊本。

秦鳴雷　《談資》，四卷，明萬曆丙子（四年）童勝龍金陵刊本。

耿定向　《先進遺風》，二卷，明萬曆庚寅（十八年）巡按河南監察御史毛在刊本。

袁　裘　《皇明獻寶》，四十卷，鈔本。

時　傳　《埭川識往》，一卷，明綠筠堂鈔本，清黃丕烈手書題議。

凌迪知　《文林綺繡》，五十九卷，明萬曆間吳興凌氏刊本。

凌迪知　《左國腴詞》，八卷，明萬曆丙子（四年）吳興凌氏省非齋刊本。

凌迪知　《國朝名世類苑》，四十六卷，明萬曆乙亥（三年）吳興凌氏原刊本。

畢自嚴　《恩綸錄》，不分卷，明天啓間畢氏刊藍印本。

畢自嚴　《四代思綸錄》，不分卷，明崇禎間畢氏刊本。

畢自嚴　《戶部題名》，一卷，明崇禎庚午（三年）刊本。

夏樹芳　《玉麒麟》，二卷，明原刊本。

夏樹芳　《栖眞志》，四卷，明萬曆戊申（三十六年）原刊本。

夏樹芳　《女鏡》，八卷，明萬曆間原刊本。

唐順之　《新刊唐荊川先生稗編》，一百二十卷，明萬曆辛巳（九年）東海茅氏文霞閣刊本。

唐　樞　《國琛集》，六卷，明嘉靖間原刊本。

唐鶴徵　《皇明輔世編》，六卷，明崇禎壬午（十五年）毘陵陳氏刊本。

倪　復　《東巢雜著》，一卷；策斷，一卷，明絲闌鈔本，墨批。

倪　湅　《閒閒堂會心錄》，十六卷，清初鈔校底稿本。

倪　綰　《群談採餘十卷》，明萬曆壬辰（二十年）倪思益廣州刊本缺卷首一冊。

孫愼行	《事編》，八卷，明崇禎間原刊本。
孫能傳	《剡溪漫筆》，六卷，明萬曆癸丑（四十一年）四明孫氏原刊本。
張　位	《閒雲館別編》，八卷，明萬曆丁酉（二十五年）清源刊本。
張光孝	《萸亭紀事》，四卷，明萬曆戊午（四十六年）關中張惟任刊本。
張大復	《梅花草堂筆談》，十四卷，明崇禎間吳郡張氏刊清順治乙未（十二年）修補本。
張時徹	《芝園外集》，十六卷，明嘉靖間原刊本。
張鼎思	《瑯琊代醉編》，四十卷，明萬曆二十五年陳性學校刊本。
張朝瑞	《孔門傳道錄》，十六卷，明萬曆戊戌（二十六年）姚履旋等校刊本。
張朝瑞	《皇明貢舉考》，九卷，明萬曆間鹿邑原刊本。
張朝瑞	《南國賢書》，不分卷，舊鈔本。
張　泉	《吳中人物地》，十三卷，明隆慶間長洲張鳳翼等校刊本。
張　岱	《古今義烈傳八卷》，明崇禎戊辰（元年）會稽張氏鷗虎軒刊本。
張弘道、張凝道	《皇明三元考》，十四卷，科名盛事錄，七卷，明刊本。
張弘道、張凝道	《科名盛事錄》，七卷，明刊本。
張大復	《梅花草堂集》，十一卷，明刊本。
張大復	《吳郡張大復先生明人列傳稿》，不分卷，清方惟一編，方氏清稿本。
張　萱	《內閣藏書目錄》，八卷，清處山錢氏述古堂藍格鈔本。
陳　沂	《拘虛晤言》，一卷，清光緒間順德李氏鈔本，清李文田手書題記。
陳　第	《謬言》，一卷，明萬曆乙未（二十三年）原刊本。
陳　第	《意言》，一卷，明萬曆丁酉（二十五年）原刊本。
陳　槐	《聞見漫錄》，二卷，明萬曆二年陳氏家刊本，清同治七年徐時棟手書題記。
陳全之	《蓬窗日錄》，八卷，明嘉靖四十四年山西祁縣官刊本。
陳　師	《禪寄筆談》，十卷，明萬曆癸巳（二十一年）錢塘陳氏刊本。
陳　師	《禪寄續談》，五卷，明萬曆丙申（二十四年）錢塘陳氏刊本。
陳　恂	《餘菴雜錄》，三卷，舊鈔本。
陳　衎	《菁燈碎語》，一卷，明崇禎庚辰（十三年）刊本。
陳　鎬	《闕里誌》，十三卷，明弘治乙丑（十八年）刊本。

陳耀文　《學圃蕢蘇》，六卷，明萬曆五年刊本。

陳耀文　《天中記》，六十卷，明萬曆己酉（三十七年）刊本。

陳耀文　《正楊》，四卷，明隆慶三年原刊本。

陳耀文　《學林就正》，四卷，明萬曆間原刊本。

陳與郊　《浮休雜志》，存八卷，明藍格鈔本，缺卷三至卷五、卷八、卷九、凡五卷。

陳良謨　《見聞紀訓》，二卷，附錄一卷，明萬曆乙卯（四十三年）陳允培易州刊本。

陳汝錡　《甘露園短書》，十一卷，明萬曆間高安陳氏刊本。

陳　霆　《兩山墨談》，十八卷，明嘉靖己亥（十八年）德清知縣李檗刊本。

陳元齡　《思問初篇》，十二卷，明天啓丙寅（六年）朱泰陽刊本。

陳禹謨　《說諸》，八卷；二集八卷，明刊本。

陳禹謨　《人物概》，十五卷，明萬曆間海虞陳氏刊本。

陳繼儒　《妮古錄》，四卷，明刊寶顏堂秘笈本。

陳繼儒　《逸民史》，二十二卷，明萬曆間新安吳懷謙校刊本。

陳元素　《廣百將傳》，二十卷，周亮輔增補黃道周評註，明崇禎癸未（十六年）本立堂刊本。

陳仁錫　《皇明世法錄》，九十二卷，明末葉原刊本。

許有穀　《古今貞烈維風什》，四卷，明陽羨許氏刊本。

許立綱　《太保許文穆公恤哀錄》，不分卷，明萬曆間刊本。

許重熙　《國朝閣部院大臣年表》，十五卷；附開國省侍諸臣年表，一卷，明萬曆丁巳（四十四年）原刊本。

郭子章　《謠語》，七卷，明萬曆間西蜀顧造訂刊本。

郭子章　《蠙衣生馬記》，一卷，明刊寶顏堂秘笈本。

郭子章　《聖門人物志》，十二卷，明萬曆二十三年太原府刊本。

郭凝之　《孝友傳》，二十四卷，明崇禎間刊本。

陸　深　《豫章漫鈔》，四卷，明嘉靖間刊儼山外集本。

陸　采　《覽勝紀談》，十卷，明刊本。

陸　釴　《病逸漫記》，一卷，明嘉靖間刊顧氏文房小說本。

陸樹聲　《清暑筆談》，一卷，明刊寶顏堂秘笈本。

曹　臣　《舌華錄》，九卷，明萬曆末年原刊本。

曹參芳　　《遜國正氣紀》，八卷；卷首一卷，清初劉襄祚刊本。

章　潢　　《圖書編》，一百二十七卷，明萬曆癸丑（四十一年）涂鏡源等刊本。

莊元臣　　《三才考略》，十二卷，明刊清吳興嚴學乾修補本。

梅鼎祚　　《才鬼記》，十六卷，明萬曆乙巳（三十三年）原刊本。

戚元佐　　《檇李往哲列傳》，一卷，清康熙間退圃刊本。

華允誠　　《華氏傳芳集八卷》，南明錫山華氏刊本。

敖　英　　《東谷贅言》，二卷，明末榮光樓鈔本，朱校。

馮　柯　　《宗藩訓典》，十二卷，明萬曆三十七年襄藩貞白書院刊本。

馮　琦　　《經濟類編一百卷》，明萬曆三十二年周家棟等虎林刊本。

馮時可　　《藝海泂酌晉乘》，四卷；唐乘，二卷，明萬曆壬寅（三十年）刊本。

馮時可　　《寶善編》，甲集一卷；乙集一卷；選刻二卷，明萬曆間原刊本。

馮復京　　《明常熟先賢事略》，十六卷，清乾嘉間大樹堂鈔本。

馮汝宗　　《女範編》，四卷，明萬曆癸卯（三十一年）宛陵劉岩等刊本，附圖。

馮應京　　《皇明經世實用編》，二十八卷，明萬曆癸卯（三十一年）休寧戴任校刊本。

屠　隆　　《鴻苞》，四十八卷，明萬曆庚戌（三十八年）西吳茅元儀刊本。

屠本畯　　《憨聱觀》，一卷；茗笟談，一卷，明萬曆刊本，朱批。

都　穆　　《聽雨紀談》，一卷，舊鈔本。

都　穆　　《玉壺冰》，一卷，明天啓間孫如蘭刊本。

都　穆　　《吳下冢墓遺文》，三卷；續編，一卷，葉恭續編，清康熙間東吳王氏龍池山房鈔本，清王聞遠、黃丕烈各手校並跋、又瞿中溶手跋。

都　穆　　《南濠居士文跋》，四卷，明刊本。

黃　瑜　　《雙槐歲鈔》，十卷，明嘉靖戊申（二十七年）黃氏家刊本。

黃　金　　《皇明開國功臣錄》，三十二卷，明正德二年定遠黃氏刊本。

黃　金　　《皇明開國功臣錄》，三十二卷，明正德二年定遠黃氏刊十一年補刊跋文本。

黃　佐　　《革除遺事》，六卷，明刊本。

黃姬水　　《清暑筆談》，一卷，附貧士傳二卷。

黃姬水　　《貧士傳》，二卷，明刊寶顏堂秘笈本。

黃　譚　　《讀書一得》，四卷，明嘉靖壬戌（四十一年）新都黃氏刊本。

黃元會　　《仙愚館雜帖》，七卷，明刊本。

黃景昉　《自敍宦夢錄》，四卷，舊鈔本。

黃景昉　《國史唯疑十二卷》，清杞菊軒鈔本。

黃仁溥　《皇明經世要略》，存四卷，明萬曆間坊刊本，缺卷一。

黃以陞　《史說萱蘇》，一卷，舊鈔本。

黃希周　《閨範》，六卷，明刊朱墨套印本。

黃士良　《遜國神會錄》，二卷，清康熙間新安黃氏家刊本。

黃　訓　《皇明名臣經濟錄》，五十三卷，明嘉靖辛亥（三十年）原刊本。

虛中子　《虛窗手鏡》，舊鈔本。

程敏政　《宋遺民錄》，十五卷，明嘉靖甲申（三年）至乙酉（四年）休寧程士儀
　　　　等集貲刊本，近人葉德輝手書題識二則。

程敏政　《程民貽範集》，三十卷，鈔本。

賀仲軾　《可恨人》，五卷；附人義二卷；不義人一卷，明末刊本。

童時明　《隨筆小史》，二卷，明刊本。

舒榮都　《閒署日鈔》，二十二卷，明天啟壬戌（二年）原刊本。

喬懋敬　《古今廉鑑》，八卷，明萬曆戊寅（六年）刊本。

閔元衢　《歐餘漫錄》，十二卷，明萬曆刊本。

彭大翼　《山堂肆考》，二百二十八卷；補遺十二卷，張幼學編，明萬曆乙未（二
　　　　十三年）維揚彭氏刊己未（四十七年）修補本。

勞　堪　《國朝憲章類編》，四十二卷，明萬曆初年刊公牘紙印本。

曾守身　《行人司書目》，不分卷，明萬曆壬寅（三十年）刊本。

項　喬　《甌東私錄》，二卷，明嘉靖辛亥（三十年）刊本。

項篤壽　《今獻備遺》，四十二卷，明萬曆癸未（十一年）秀水項氏萬卷堂刊本。

焦　竑　《焦氏筆乘》，存六卷；續集八卷，明萬曆丙午（三十四年）謝與棟刊本。
　　　　缺七、卷八。

焦　竑　《焦氏類林》，八卷，明萬曆間秣陸王元貞刊本。

焦　竑　《玉堂叢語》，八卷，明萬曆戊午（四十六年）曼山館刊本。

焦　竑　《國朝獻徵錄》，一百二十卷，明萬曆丙辰（四十四年）錢塘徐象樗刊本。

焦　竑　《皇明人物考》，六卷，明萬曆間閩建書林葉貴刊本。

焦　竑　《國史經籍志》，六卷，明萬曆壬寅（三十年）原刊本。

焦　周　《說楛》，七卷，明萬曆間刊本。

楊　愼　《楊子巵言》，六卷，明嘉靖甲子（四十三年）成都劉大昌校刊本。

楊　儀　　《金姬傳》，一卷，鈔本。

楊　廉　　《伊洛淵源錄新增》，十四卷，日本慶安二年刊本。

楊　廉　　《新刊皇明名臣言行錄》，二卷，明嘉靖辛丑（二十年）河南重刊鈔補本
　　　　　附徐咸撰，近代明臣言行錄，二卷。

楊應詔　　《閩南道學源流》，十六卷，明嘉靖甲子（四十三年）建安楊氏華陽書院
　　　　　刊本。

楊循吉　　《吳中往哲記》，一卷；續記，一卷；補遺二卷；黃魯曾續補，清東武劉
　　　　　氏味經書屋藍格鈔本。

楊德周　　《金華雜識》，五卷，明崇禎庚午（三年）刊本。

解　縉　　《古今列女傳》，三卷，明永樂元年內府刊本。

雷　禮　　《國朝列卿記》，一百六十五卷，明萬曆間豐城徐鑒刊本。

雷　禮　　《內閣行實》，八卷，明刊本。

雷　禮　　《國朝列卿年表》，一百三十九卷，明隆萬間海寧查志隆刊本。

萬廷言　　《經世要略》，二十卷，明萬曆庚戌（三十八年）豫章萬氏刊本。

萬　表　　《灼艾集》，二卷；續集二卷；餘集二卷；別集二卷；新集二卷；明萬曆
　　　　　辛丑（二十九年）四明萬邦孚刊本，朱墨合批。

過庭訓　　《聖學嫡派》，四卷，明萬曆癸丑（四十一年）原刊本。

過庭訓　　《本朝分省人物考》，一百十五卷，明天啓間原刊本。

葉秉敬　　《類次書肆說鈴》，二卷，閔元衢編，明吳興閔氏刊本。

葉子奇　　《草木子》，四卷，明正德丙子（十一年）葉溥福州刊本。

葉　盛　　《水東日記》，四十卷，明萬曆間崑山葉重華刊本。

葉　夔　　《毘陵人品記》，十卷，明萬曆四十六年刊本。

葉　盛　　《石浦衛放考》，不分卷，明天順間著者手定底稿本，民國三十三年葉絅
　　　　　手跋。

董其昌　　《容臺別集》，四卷，明末刊本。

董其昌　　《畫禪室隨筆》，不分卷，清嘉慶間鈔本。

董斯張　　《吹景集》，十四卷，明崇禎己巳（二年）烏程韓昌箕刊本。

董斯張　　《廣博物志》，五十卷，明萬曆間吳興蔣禮高暉堂刊本。

董　穀　　《碧里鳴》，存一卷，明嘉靖間刊本。

董　說　　《七國考》，十四卷，舊鈔本。

廖道南　　《殿閣詞林記》，二十二卷，明嘉靖間刊本。

劉　基　　《多能鄙事》，十二卷，明嘉靖間刊本。

劉　基	《郁離子》，十卷，明洪武十九年括蒼劉氏家刊本。
劉　鳳	《續吳錄》，二卷，明刊本。
劉　鳳	《劉子威雜俎》，十卷，明萬曆間長淵劉氏家刊本。
劉　鳳	《續吳先賢讚》，十五卷，明萬曆間原刊本。
劉廷元	《國朝名臣言行略》，明卷，明當湖劉氏原刊本。
劉世卿	《瓦釜漫記》，四卷，明萬曆庚寅（十八年）繡谷周日校刊本。
劉敬虛	《小隱三徑書》，六卷，明萬曆辛巳（九年）陳如齋襄陽刊本。
劉胤昌	《劉氏類山》，十卷，明萬曆乙巳（三十三年）宜川李希哲刊本。
劉仲達	《劉氏源書》，一百〇八卷，明萬曆辛亥（三十九年）宣城劉氏樂志齋刊本。
劉孟雷	《聖朝名世考》，十一卷，明萬曆間原刊本。
（鎦）劉　績	《霏雪錄》，一卷，鈔本。
潘　塤	《楮記堂》，十五卷，明嘉靖間淮陰潘氏刊本。
潘京南	《衡門晤語》，四卷，明刊本。
潘游龍	《康濟譜》，二十三卷，明崇禎丙子（九年）原刊本。
鄭　曉	《古言》，二卷；附今言；四卷，明嘉靖乙丑（四十四年）項子長刊本。
鄭　曉	《建文遜國臣記》，八卷，明隆慶元年海鹽鄭氏刊吾學編本。
鄭　曉	《皇明異姓諸侯傳》，二卷；表一卷，明嘉靖間刊本。
鄭汝璧	《皇明同姓諸王表》，不分卷，明萬曆間刊本。
鄭汝璧	《皇明帝后略》，一卷，明萬曆己卯（七年）漳州知府曹銑刊藍印本。
鄭汝璧	《皇明功臣封爵考》，八卷；附典例，一卷，明萬曆間原刊本。
鄭　岳	《莆陽文獻》，十三卷；列傳，七十五卷，明萬曆丙辰（四十四年）南京吏科給事中黃起龍重刊本。
鄭仲夔	《耳新》，八卷，明崇禎間原刊本。
鄭仲夔	《雋區》，八卷，明崇禎間刊本。
鄭敷教	《桐庵筆記》，一卷，民國常熟周氏鴒峰草堂鈔本。附趙士履，亭雜記，一卷。
鄭　瑄	《昨非庵日纂》，二十卷，二集二十卷，三集二十卷，明崇禎間刊隆武元年印本。
鄭　濤	《浦江鄭氏旌義編》，二卷，明洪武十一年浦江鄭氏家刊三十年增補本。

鄭　燭　《濟美錄》，四卷，明嘉靖十四年歙縣鄭氏家塾刊本。

樂　純　《雪庵清史》，五卷，明萬曆間刊本。

蔣以化　《使淮續探》，四卷，明萬曆間刊本。

蔣一葵　《堯山堂外紀》，一百卷，明萬曆乙巳（三十三年）晉陵蔣氏刊本。

蔣一葵　《皇明歷科狀元事略》，存十二卷，明萬曆末年刊本。

蔡善繼　《前定錄》，二卷，明空有齋刊本。

蔡國熙　《守令懿範》，四卷，明隆慶庚午（四年）平陽府刊本。

鄧　球　《閒適劇談》，五卷，明萬曆間鄧氏家刊本。

錢希言　《戲瑕》，三卷，明萬曆癸丑（四十一年）新野馬之駿刊本。

錢　溥　《內閣書目》，不分卷，明藍格鈔本。

錢世揚　《古史談苑》，三十六卷，明萬曆乙卯（四十三年）張○孟刊本。

錢士升　《皇明表忠記》，十卷；附錄一卷，明末刊本。

謝　鐸　《伊洛淵源續錄》，六卷一冊，明嘉靖乙丑（八年）臨海高賁亨刊本。

謝肇淛　《五雜組》，十六卷十六冊，明萬曆間刊本。

謝肇淛　《文海披沙》，八卷四冊，日本寶曆己卯（九年）刊本。

謝肇淛　《塵餘》，二卷二冊，日本寬政八年刊本。

謝肇淛　《塵餘》，二卷，明末寬政八年刊本。

蕭　彥　《掖垣人鑑》，十六卷；附錄一卷，明萬曆間原刊本。

顏胤祚　《陋巷志》，八卷，明萬曆辛丑（二十九年）刊天啓間增補本。

韓昌箕　《王謝世家》，二十卷，明天啓壬戌（二年）刊本。

魏顯國　《歷代相臣傳》，一百六十八卷，明萬曆丙午（三十四年）鄧以誥等衡州刊本。

魏顯國　《歷代守令傳》，二十四卷，明萬曆丙午（三十四年）鄧以誥等衡州刊本。

邊大綬　《餘生錄》，一卷，清順治間刊本，墨批，近人葉德輝手跋。

蘇　祐　《逌旃璅言》，二卷，舊鈔本。

蘇茂相　《皇明寶善類編》，二卷，明刊本，清唐晏手書題記。

顧起元　《說略》，三十卷，明萬曆癸丑（四十一年）新安吳德聚刊本。

顧起元　《客座贅語》，十卷，明萬曆戊午（四十六年）原刊本。

顧　璘　《國寶新編》，一卷，明嘉靖丁酉（十六年）吳郡袁刊本。

以下各附錄書目據《中國叢書綜錄》選列：

二、（明）袁褧，《金聲玉振集》

明嘉靖中吳郡袁氏嘉趣堂刊本。

《帝王紀年纂要》一卷，（元）察罕撰，（明）黃諫訂。

皇　覽	《周顛仙傳》一卷	明太祖撰
	《平漢錄》一卷	（明）童承敘撰
	《天潢玉牒》一卷	（明）解縉撰
	《雲南機務抄黃》一卷中	（明）張紞輯
	《皇明平吳錄》一卷	（明）吳寬撰
征　討	《前北征錄》一卷	（明）金幼孜撰
	《後北征錄》一卷	（明）金幼孜撰
	《平蜀記》一卷	（明）不著撰人
	《北平錄》一卷	（明）不著撰人
紀　亂	《海寇議前》一卷	（明）范表撰
	《海寇後編》一卷	（明）茅坤撰
組　繡	《成化間蘇材小纂》一卷	（明）（祝允明）撰
	《蒙泉類博稿》一卷	（明）岳正撰
紀　變	《革除遺事》六卷	（明）黃佐撰
	《北征事蹟》一卷	（明）袁材撰（明）尹直錄
	《奉天刊賞錄》一卷	（明）袁褧撰
考　文	《國初事蹟》一卷	（明）劉辰撰
	《洪武聖政記》一卷	（明）宋濂撰
	《國初禮賢錄》一卷	（明）不著撰人
叢　聚	《水東日記》一卷	（明）葉盛撰
	《寓圃雜記》一卷	（明）王錡撰
	《平胡錄》一卷	（明）陸深撰
	《震澤紀聞》一卷	（明）王鏊撰

水　衡	《海運編》二卷	（明）崔旦撰
	《海道經》一卷附錄一卷	（明）不著撰人
	《問水集》一卷	（明）劉天和撰
	《呂梁洪志》一卷	（明）馮世雍撰
	《三吳水利論》一卷	（明）伍餘福撰
	《馬端肅公三記》	（明）馬文升撰
	《西征石城記》一卷	
	《撫安東夷記》一卷	
	《興復哈密記》一卷	
	《廣右戰功》一卷	（明）唐順之撰
	《西番事蹟》一卷	（明）王瓊撰
	《北虜事蹟》一卷	（明）王瓊撰
	《六詔紀聞》二卷	（明）彭汝實輯

（前卷一名《會勘夷情》，後卷一名《南方振玉》）

	《平番始末》一卷	（明）許進撰
	《茂邊紀事》一卷	（明）朱紈撰
撰　述	《讀書筆記》一卷	（明）祝允明撰
	《薛公讀書錄》一卷	（明）薛瑄撰
	《空同子》一卷	（明）李夢陽撰
	《大復論》一卷	（明）何景明撰
	《浮物》一卷	（明）祝允明撰
	《易大象記》一卷	（明）崔銑撰
	《小爾雅》一卷	（漢）孔鮒撰
	《松窗寤言》一卷	（明）崔銑撰
	《太藪外史》一卷	（明）蔡羽撰
	《居敬堂集》一卷	（明）朱厚煜撰
	《國寶新編》一卷	（明）顧璘撰

三、（明）顧元慶，《顧氏明朝四十家小說》

明正德嘉靖間陽山顧氏家塾刊本。

清宣統中上海國學扶輪社排印本。

民國三年（1914）古今圖書局石印本。

《國寶新編》一卷	（明）顧璘撰
《瑯琊漫鈔》一卷	（明）文林撰
《七人聯句詩紀》一卷	（明）楊循吉撰
《寓意編》一卷	（明）都穆撰
《吳郡二科志》一卷	（明）閻秀卿撰
《瘞鶴銘考》一卷	（明）顧元慶撰
《太湖新錄》一卷	（明）文徵明（明）徐禎卿撰
《青溪暇筆》一卷	（明）姚福撰
《病逸漫記》一卷	（明）陸釴撰
《夷白齋詩話》一卷	（明）顧元慶撰
《讀書筆記》一卷	（明）祝允明撰
《存餘堂詩話》一卷	（明）朱承爵撰
《君子堂日詢手鏡》一卷	（明）王濟撰
《陽山新錄》一卷	（明）顧元慶（明）岳岱撰
《海槎餘錄》一卷	（明）顧岕撰
《新倩籍》一卷	（明）徐禎卿撰
《景仰撮書》一卷	（明）王達撰
《蠶衣》一卷	（明）祝允明撰
《寶櫝記》一卷	（明）滑惟善撰
《霞外雜俎》一卷	（明）鐵腳道人（杜巽才）撰
《彭文憲公筆記》二卷	（明）彭時撰
《否泰錄》一卷	（明）劉定之撰
《蘇談》一卷	（明）楊循吉撰
《吳中往哲記》一卷	（明）楊循吉撰
《今雨瑤華》一卷	（明）岳岱撰
《簷曝偶談》一卷	（明）顧元慶撰

《金石契》一卷	（明）祝肇撰
《太石山房十友譜》一卷	（明）顧元慶撰
《稗史集傳》一卷	（元）徐顯撰
《西征記》一卷	（宋）盧襄撰
《避戎夜話》二卷	（宋）石茂良撰
《雲林遺事》一卷，附錄一卷	（明）顧元慶撰
《皇明天全先生遺事》一卷	（明）徐子陽撰
《清夜錄一卷》	（宋）俞文豹撰
《聽雨紀談》一卷	（明）都穆撰
《談藝錄》一卷	（明）徐禎卿撰
《翦勝野聞》一卷	（明）徐禎卿撰
《近言》一卷	（明）顧璘撰
《續編宋史辨》一卷	（明）陳樫撰
《茶譜》一卷	（明）顧元慶撰
《縣笥瑣探》一卷	（明）劉昌撰

四、（明）陸楫，《古今說海》

明嘉靖二十三年（1544）雲間陸氏儼山書院刊本。

清道光元年（1821）苕溪邵氏西山堂刊本。

清宣統元年（1909）上海集成圖書公司排印本。

民國四年（1915）上海進步書局石印本。

說選部

小錄家

《北征錄》一卷	（明）金幼孜撰
《北征後錄》一卷	（明）金幼孜撰
《北征記》一卷	（明）楊榮撰

偏記家

《平夏錄》一卷	（明）黃標撰
《江南別錄》一卷	（宋）陳彭年撰
《三楚新錄》三卷	（宋）周羽翀撰

《溪蠻叢笑》一卷	（宋）朱輔撰
《遼志》一卷	（宋）葉隆禮撰
《金志》一卷	（宋）宇文懋昭撰
《蒙韃備錄》一卷	（宋）孟珙撰
《北邊備對》一卷	（宋）程大昌撰
《桂海虞衡志》一卷	（宋）范成大撰
《眞臘風土記》一卷	（元）周達觀撰
《北戶錄》一卷	（唐）段公路撰
《西使記》一卷	（元）劉郁撰
《北轅錄》一卷	（宋）周煇撰
《滇載記》一卷	（明）楊愼撰
《星槎勝覽》四卷	（明）費信撰

說淵部

別傳家

《靈應傳》一卷	（唐）不著撰人
《洛神傳》一卷	（唐）薛瑩撰
《夢遊錄》一卷	（唐）任蕃撰
《吳保安傳》一卷	（唐）牛肅撰
《崑崙奴傳》一卷	（唐）楊巨源撰
《鄭德璘傳》一卷	（唐）薛瑩撰
《李章武傳》一卷	（唐）李景亮撰
《韋自東傳》一卷	（唐）不著撰人
《趙合傳》一卷	（唐）不著撰人
《杜子春傳》一卷	（唐）鄭還古撰
《裴先別傳》一卷	（唐）不著撰人
《震澤龍女傳》一卷	（唐）薛瑩撰
《本事詩》一卷	（唐）孟棨撰
《德隅齋畫品》一卷	（宋）李廌撰
《鼎錄》一卷	（梁）虞荔撰

五、（明）高鳴鳳輯《今獻彙言》

明萬曆中刊本。

《正學編》一卷	（明）陳琛撰
《明斷編》一卷	（明）程楷撰
《比事摘錄》一卷	（明）不著撰人
《蘿山雜言》一卷	（明）宋濂撰
《蒙泉雜言》一卷	（明）不著撰人
《未齋雜言》一卷	（明）黎久撰
《南山素言》一卷	（明）潘府撰
《松窗寤言》一卷	（明）崔銑撰
《井觀瑣言》一卷	（明）鄭瑗撰
《演連珠編》一卷	（明）王禕撰
《擬連珠編》一卷	（明）劉基撰
《璅語編》一卷	（明）楊愼撰
《西軒客談》一卷	（明）不著撰人
《詢蒭錄》一卷	（明）陳沂撰
《讕言編》一卷	（明）曹安撰
《拘虛晤言》一卷	（明）陳沂撰
《竹下寤言》一卷	（明）王文祿撰
《青溪暇筆》一卷	（明）姚福撰
《桑榆漫志》一卷	（明）陶輔撰
《林泉隨筆》一卷	（明）張綸撰
《春雨堂隨筆》一卷	（明）陸深撰
《賢識錄》一卷	（明）陸釴撰
《遵聞錄》一卷	（明）梁憶撰
《損齋備忘錄》一卷	（明）梅純撰
《守溪長語》一卷	（明）王鏊撰
《雙溪雜記》一卷	（明）王瓊撰
《菽園雜記》一卷	（明）陸容撰

《平夏錄》一卷　　　　　　　　　（明）黃標撰

《平吳錄》一卷　　　　　　　　　（明）吳寬撰

《北平錄》一卷　　　　　　　　　（明）不著撰人

《平胡錄》一卷　　　　　　　　　（明）陸深撰

《平定交南錄》一卷　　　　　　　（明）丘濬撰

《撫安東夷記》一卷　　　　　　　（明）馬文升撰

《西征石城記》一卷　　　　　　　（明）馬文升撰

《興復哈密記》一卷　　　　　　　（明）馬文升撰

《平夷錄》一卷　　　　　　　　　（明）趙輔撰

《東征紀行錄》一卷　　　　　　　（明）不著撰人

《江海殲渠記》一卷　　　　　　　（明）祝允明撰

《醫閭漫記》一卷　　　　　　　　（明）賀欽撰

六、（明）王完，《百陵學山》

明萬曆中刊本。

《海涵萬象錄》一卷　　　　　　　（明）黃潤玉撰

《蜩笑偶言》一卷　　　　　　　　（明）鄭瑗撰

《儼山纂錄》一卷　　　　　　　　（明）陸深撰

《客問》一卷　　　　　　　　　　（明）黃省曾撰

《吳風錄》一卷　　　　　　　　　（明）黃省曾撰

《龍興慈錄》一卷　　　　　　　　（明）王文祿撰

《文昌旅語》一卷　　　　　　　　（明）王文祿撰

《庭聞述略》一卷　　　　　　　　（明）王文祿撰

《禮元剩語》一卷　　　　　　　　（明）唐樞撰

《近峰記略》一卷　　　　　　　　（明）皇甫錄撰

《邊紀略》一卷　　　　　　　　　（明）鄭曉撰

《紀述》一卷　　　　　　　　　　（明）薛應旂撰

《竹下寱言》二卷　　　　　　　　（明）王文祿撰

《隨筆兆》一卷　　　　　　　　　（宋）洪邁撰

七、（明）沈節甫，《紀錄彙編》

明萬曆四十五年（1617）陽羨陳于廷刊本。

《御製皇陵碑》一卷	明太祖撰
《御製西征記》一卷	明太祖撰
《御製平西蜀文》一卷	明太祖撰
《御製孝慈錄》一卷	明太祖撰
《御製紀夢》一卷	明太祖撰
《御製周顛仙人傳》一卷	明太祖撰
《御製廣寒殿記》一卷	明宣宗撰
《宣宗皇帝御製詩》一卷	明宣宗撰
《敕議或問》一卷	明世宗撰
《諭對錄》一卷	（明）張孚敬撰
《皇朝本記》一卷	（明）不著撰人
《天潢玉牒》一卷	（明）解縉撰
《龍興慈記》一卷	（明）王文祿撰
《國初禮賢錄》一卷	（明）不著撰人
《遇恩錄》一卷	（明）劉仲璟撰
《否泰錄》一卷	（明）劉定之撰
《北使錄》一卷	（明）李實撰
《北征事蹟》一卷	（明）袁彬撰（明）君直錄
《正統臨戎錄》一卷	（明）不著撰人
《正統北狩事蹟》一卷	（明）不著撰人
《復辟錄》一卷	（明）楊瑄撰
《天順日錄》一卷	（明）李賢撰
《古穰雜錄摘鈔》一卷	（明）李賢撰
《聖駕南巡日錄》一卷	（明）陸深撰
《大駕北還錄》一卷	（明）陸深撰
《平胡錄》一卷	（明）陸深撰
《北平錄》一卷	（明）不著撰人

《平漢錄》一卷 （明）宋濂撰（一題童承敘）撰

《平吳錄》一卷 （明）吳寬撰

《平蜀記》一卷 （明）不著撰人

《平夏錄》一卷 （明）黃標撰

《前北征錄》一卷 （明）金幼孜撰

《後北征錄》一卷 （明）金幼孜撰

《北征記》一卷 （明）楊榮撰

《馬端肅公三卷 （明）馬文升撰

　　《西征石城記》一卷

　　《撫安東夷記》一卷

　　《與復哈密國王記》一卷

《平番始末》二卷 （明）許進撰

《平夷賦》一卷 （明）趙輔撰

《平蠻錄》一卷 （明）王軏撰

《西征日錄》一卷 （明）楊一清撰

《制府雜錄》一卷 （明）楊一清撰

《雲中事記錄》一卷 （明）蘇祐撰

《張司馬定浙二亂志》一卷 （明）王世貞撰

《雲南機務鈔黃》一卷 （明）張紞輯

《滇載記》一卷 （明）楊愼撰

《平定交南錄》一卷 （明）丘濬撰

《安南傳》二卷 （明）王世貞撰

《南翁夢錄》一卷 （安南）黎澄撰

《勘處播州事情疏》一卷 （明）何喬新撰

《防邊紀事》一卷 （明）高拱撰

《伏戎紀事》一卷 （明）高拱撰

《撻虜紀事》一卷 （明）高拱撰

《靖夷紀事》一卷 （明）高拱撰

《綏廣紀事》一卷 （明）高拱撰

《炎徼紀聞》四卷	（明）田汝成撰
《星槎勝覽》一卷	（明）費信撰
《瀛涯勝覽》一卷	（明）馬歡撰
《瀛涯勝覽集》一卷	（明）張昇撰
《奉使安南水程日記》一卷	（明）黃福撰
《朝鮮紀事》一卷	（明）倪謙撰
《使琉球錄》一卷	（明）陳侃撰
《鴻猷錄》十六卷	（明）高岱撰
《治世餘聞錄》八卷	（明）箬陂（陳洪謨）撰
《繼世紀聞》六卷	（明）箬陂（陳洪謨）撰
《名卿績記》四卷	（明）王世貞撰
《靖難功臣錄》一卷	（明）朱當㴐撰
《國琛集》二卷	（明）唐樞撰
《國寶新編》一卷	（明）顧璘撰
《續吳先賢讚》十五卷	（明）劉鳳撰
《明詩評》四卷	（明）王世貞撰
《吳郡二科志》一卷	（明）閻秀卿撰
《新倩籍》一卷	（明）徐禎卿撰
《金石契》一卷	（明）祝肇撰
《守溪筆記》一卷	（明）王鏊撰
《震澤長語摘抄》一卷	（明）王鏊撰
《彭文憲公筆記》一卷	（明）彭時撰
《畜德錄》一卷	（明）陳沂撰
《青溪暇筆》一卷	（明）姚福撰
《閒中今古錄摘抄》一卷	（明）黃溥撰
《翦勝野聞》一卷	（明）徐禎卿撰
《玉堂漫筆摘鈔》一卷	（明）陸深撰
《金臺紀聞摘鈔》一卷	（明）陸深撰
《停驂錄摘鈔》一卷	（明）陸深撰

《續停驂錄摘鈔》一卷　　　　　　（明）陸深撰

《豫章漫抄摘鈔》一卷　　　　　　（明）陸深撰

《科場條貫》一卷　　　　　　　　（明）陸深撰

《水東日記摘鈔》七卷　　　　　　（明）葉盛撰

《今言》四卷　　　　　　　　　　（明）鄭曉撰

《餘冬緒錄摘鈔》六卷　　　　　　（明）何孟春撰

《鳳洲雜編》六卷　　　　　　　　（明）王世貞撰

《醫閭漫記》一卷　　　　　　　　（明）賀欽撰

《譯語》一卷　　　　　　（明）岷峨山人（尹畊）撰

《海槎餘錄》一卷　　　　　　　　（明）顧岕撰

《君子堂日詢手鏡》一卷　　　　　（明）王濟撰

《庚巳編》十卷　　　　　　　　　（明）陸粲撰

《四友齋叢說摘鈔》七卷　　　　　（明）何良俊撰

《菽園雜記摘鈔》七卷　　　　　　（明）陸容撰

《留青日札摘鈔》四卷　　　　　　（明）田藝蘅撰

《松窗寤言摘鈔》一卷　　　　　　（明）崔銑撰

《漫記》一卷　　　　　　　　　　（明）崔銑撰

《近峰記略摘鈔》一卷　　　　　　（明）皇甫撰

《百可漫志》一卷　　　　　　　　（明）陳撰

《錦衣志》一卷　　　　　　　　　（明）王世貞撰

《星變志》一卷　　　　　　　　　（明）抱甕外史撰

《瑯琊漫鈔摘錄》一卷　　　　　　（明）文林撰

《病榻遺言》一卷　　　　　　　　（明）高拱撰

《縣笥瑣探摘鈔》一卷　　　　　　（明）劉昌撰

《蘇談》一卷　　　　　　　　　　（明）楊循吉撰

《病逸漫記》一卷　　　　　　　　（明）陸釴撰

《前聞記》一卷　　　　　　　　　（明）祝允明撰

《寓圃雜記二卷　　　　　　　　　（明）王錡撰

《蒹葭堂雜著摘鈔》一卷　　　　　（明）陸楫撰

《窺天外乘》一卷　　　　　　　　　（明）王世懋撰

《二酉委譚摘鈔》一卷　　　　　　　（明）王世懋撰

《閩部疏》一卷　　　　　　　　　　（明）王世懋撰

《江西與地圖說》一卷　　　　　　　（明）趙秉忠撰

《饒南九三府圖說》一卷　　　　　　（明）王世懋撰

《志怪錄》一卷　　　　　　　　　　（明）祝允明撰

《涉異志》一卷　　　　　　　　　　（明）閔文振撰

《奇聞類紀摘鈔》四卷　　　　　　　（明）施顯卿撰

《見聞紀訓》二卷　　　　　　　　　（明）陳良謨撰

《新知錄摘鈔》一卷　　　　　　　　（明）劉仕義撰

八、（明）陳繼儒，《寶顏堂秘笈》

明萬曆中繡水沈氏刊本，民國十一年（1922）上海文明書局印本。

正集（一名陳眉公訂正秘笈），**萬曆三十四年（1606）刊。**

《玉照新志》六卷　　　　　　　　　（宋）王明清撰

《雲煙過眼錄》四卷　　　　　　　　（宋）周密撰

《雲煙過眼續錄》一卷　　　　　　　（元）湯允謨撰

《學古編》一卷　　　　　　　　　　（元）吾丘衍撰

《筆疇》二卷　　　　　　　　　　　（明）王達撰

《書品》一卷　　　　　　　　　　　（梁）庾肩吾撰

《樂郊私語》一卷　　　　　　　　　（元）姚桐壽撰

《清暑筆談》一卷　　　　　　　　　（明）陸樹聲撰

《貧士傳二卷》　　　　　　　　　　（明）黃姬水撰

《焚椒錄》一卷　　　　　　　　　　（遼）王鼎撰

《歸有園塵談》一卷　　　　　　　（明）太室山人（徐學謨）撰

《娑羅館清言》二卷　　　　　　　　（明）屠隆撰

《娑羅館逸稿》二卷　　　　　　　　（明）屠隆撰

《續娑羅館清言》一卷　　　　　　　（明）屠隆撰

《冥寥子游》二卷　　　　　　　　　（明）屠隆撰

《甲乙剩言》一卷 （明）胡應麟撰

《廣莊》一卷 （明）袁宏道撰

《瓶史》一卷 （明）袁宏道撰

《偶譚》一卷 （明）李鼎撰

《野客叢書》，十二卷附錄一卷 （宋）王懋撰

《考槃餘事》四卷 （明）屠隆撰

　　《書箋》

　　《帖箋》，以上合一卷

　　《畫箋》

　　《紙箋》

　　《筆箋》

　　《研箋》

　　《琴箋》，以上合一卷

　　《香箋》

　　《文房器具箋》

　　《起居器服箋》，以上合一卷

　　《游具箋》

　　《盆玩品》

　　《山齋志》

　　《茶箋》

　　《金魚品》，以上合一卷

續集（一名陳眉公家藏秘笈續函）

《尚書故實》一卷 （唐）李綽撰

《南唐近事》一卷 （宋）鄭文寶撰

《朱文公政訓》一卷 （宋）朱熹撰

《眞西山政訓》一卷 （宋）眞德秀撰

《談苑》四卷 （宋）孔平仲撰

《荊溪林下偶談》四卷 （宋）吳口撰

《桂苑叢談》一卷 （唐）馮翊撰

《陰符經解》一卷	（周）呂望等注
《枕中書》（一名元始上眞眾仙記）一卷	（晉）萬洪撰
《後山談叢》四卷	（宋）陳師道撰
《元上祕要》一卷	
《省心錄》一卷	（宋）林逋撰
《觚不觚錄》一卷	（明）王世貞撰
《鶴山渠陽讀書雜抄》二卷	（宋）魏了翁撰
《脈望》八卷	（明）趙台鼎撰
《賢奕編》四卷	（明）劉元卿撰
《煮泉小品》一卷	（明）田藝蘅撰
《伏戎紀事》一卷	（明）高拱撰
《皇明吳郡丹青志》一卷	（明）王穉登撰
《畫說》一卷	（明）莫是龍撰
《次柳氏舊聞》一卷	（唐）李德裕撰
《谿山餘話》一卷	（明）陸深撰
《耄餘雜識》一卷	（明）陸樹聲撰
《西堂日記》一卷	（明）楊豫孫撰
《知命錄》一卷	（明）陸深撰
《樂府指迷》二卷	（宋）張炎撰，下卷 （元）陸行直撰
《疑仙傳》一卷	（宋）王簡撰
《可談》一卷	（宋）朱彧撰
《玉堂漫筆》一卷	（明）陸深撰
《蜀都雜抄》一卷	（明）陸深撰
《四夷考》八卷	（明）葉向高撰
《集異志》四卷	（唐）陸勳撰
《愼言集訓》二卷	（明）敖英撰
《鼎錄》一卷	（梁）虞荔撰

《古奇器錄》一卷附江東藏書目錄小序　　（明）陸深撰

《幷觀瑣言》三卷　　（明）鄭瓊撰

《蜩笑偶言》三卷　　（明）鄭瓊撰

《長松茹退》二卷　　（明）憨頭陀〔釋眞可〕撰

《虎薈》六卷　　（明）陸繼儒撰

《羅湖野錄》四卷　　（宋）釋曉瑩撰

《觴政》一卷　　（明）袁宏道撰

《吳社編》一卷　　（明）王穉登撰

《願豐堂漫書》一卷　　（明）陸深撰

《金臺紀聞》一卷　　（明）陸深撰

《長水日鈔》一卷　　（明）陸樹聲撰

《病榻寱言》一卷　　（明）陸樹聲撰

《夷俗記》一卷　　（明）蕭大亨撰

《三事眞》一卷　　（明）李豫亨撰

《銷夏部》四卷　　（明）陳繼儒撰

《辟寒部》四卷　　（明）陳繼儒撰

廣集（一名陳眉公家藏廣秘笈）萬曆四十三年（1615）刊。

《兩同書》二卷　　（唐）羅隱撰

《羯鼓錄》一卷　　（唐）南卓撰

《荊楚歲時記》一卷　　（梁）宗懍撰

《丙丁龜鑑五卷續錄》一卷　　（宋）柴望撰

《滄浪嚴先生詩談》（一名滄浪詩話）一卷　　（宋）嚴羽撰

《遊城南記》一卷　　（宋）張禮撰

《入蜀記》四卷　　（宋）陸游撰

《吳船錄》二卷　　（宋）范成大撰

《楓窗小牘》二卷　　（宋）袁褧撰（宋）袁頤續

《經外雜鈔》二卷　　（宋）魏了翁撰

《物類相感志》一卷	（宋）蘇軾撰
《還冤志》一卷	（北齊）顏之推撰
《正朔考》一卷	（宋）魏了翁撰
《古今考》一卷	（宋）魏了翁撰
《風月堂詩話》二卷	（宋）朱弁撰
《文則》二卷	（宋）陳騤撰
《武林舊事》六卷，後集五卷	（宋）泗水潛夫（周密）撰
《老子解》四卷	（宋）蘇轍撰
《貴耳集》二卷	（宋）張端義撰
《王氏談錄》一卷	（宋）王洙（一題王欽臣）撰
《海內十洲記》一卷	（漢）東方朔撰
《農田餘話》二卷	（明）長谷眞逸撰
《歲華紀麗譜》一卷	（元）費著撰
《牋紙譜》一卷	（元）費著撰
《蜀錦譜》一卷	（宋）費著撰
《庚申外史》二卷	（明）權衡撰
《腳氣集》二卷	（宋）車若水撰
《化書》六卷	（南唐）譚峭撰
《傳疑錄》一卷	（明）陸深撰
《春風堂隨筆》一卷	（明）陸深撰
《燕閒錄》一卷	（明）陸深撰
《讀書筆記》一卷	（明）祝允明撰
《意見》一卷	（明）陳于陛撰
《薛文清公從政錄》一卷	（明）薛瑄撰
《海槎餘錄》一卷	（明）顧岕撰
《東谷贅言》二卷	（明）敖英撰
《丹鉛續錄》八卷	（明）楊愼撰

《飲食紳言》一卷　　　　　　　　　　（明）皆春居士（龍遵敍）撰

《男女紳言》一卷　　　　　　　　　　（明）皆春居士（龍遵敍）撰

《學圃雜疏》一卷　　　　　　　　　　（明）王世懋撰

　　《花疏》

　　《果疏》

　　《蔬疏附水草》

　　《瓜疏》

　　《荳疏》

　　《竹疏》

《閩部疏》一卷　　　　　　　　　　　（明）王世懋撰

《缾花譜》一卷　　　　　　　　　　　（明）張丑撰

《汲古叢語》一卷　　　　　　　　　　（明）陸樹聲撰

《蠙衣生馬記》一卷　　　　　　　　　（明）郭子章撰

《蠙衣生劍記》一卷　　　　　　　　　（明）郭子章撰

《雨航雜錄》二卷　　　　　　　　　　（明）馮時可撰

《郡康節先生外紀》四卷　　　　　　　（明）陳繼儒撰

《采館清課》二卷　　　　　　　　　　（明）費元祿撰

《戊申立春考證》一卷　　　　　　　　（明）刑雲路撰

《金丹四百字解》一卷　　　　　　　　（明）李文燭撰

《友論》一卷　　　　　　　　　　（明西洋）利瑪竇撰

《木几冗談》一卷　　　　　　　　　　（明）彭汝讓撰

《席上腐談》二卷　　　　　　　　　　（明）俞琰撰

普集（一名陳眉公普祕笈一集），泰昌元年（1620）刊。

《朝野僉載》六卷　　　　　　　　　　（唐）張鷟撰

《草木鳥獸蟲魚疏》二卷　　　　　　　（吳）陸璣撰

《別國洞冥記》一卷　　　　　　　　　（漢）郭憲撰

《三輔黃圖》二卷　　　　　　　　　　（漢）不著撰人

《卓異記》一卷　　　　　　　　　　　（唐）李翱撰

《臥遊錄》一卷　　　　　　　　　　（宋）呂祖謙撰

《孔氏雜說》四卷　　　　　　　　　（宋）呂祖謙撰

《春渚紀聞》六卷　　　　　　　　　（宋）何撰

《問答錄》一卷　　　　　　　　　　（宋）蘇軾撰

《漁樵閒話錄》一卷　　　　　　　　（宋）蘇軾撰

《洛陽名園記》一卷　　　　　　　　（宋）李廌（一題李格非）撰

《捫蝨新話》四卷　　　　　　　　　（宋）陳善撰

《驂鸞錄》一卷　　　　　　　　　　（宋）范成大撰

《攬轡錄》一卷　　　　　　　　　　（宋）范成大撰

《麟書》一卷　　　　　　　　　　　（宋）汪若海撰

《曲洧舊聞》四卷　　　　　　　　　（宋）朱弁撰

《震澤長語》二卷　　　　　　　　　（明）王鏊撰

《農說》一卷　　　　　　　　　　　（明）馬一龍撰

《遊名山記》四卷　　　　　　　　　（明）都穆撰

《召對錄》一卷　　　　　　　　　　（明）申時行撰

《圃撷餘》一卷　　　　　　　　　　（明）王世懋撰

《茶寮記》一卷　　　　　　　　　　（明）陸樹聲撰

《許然明先生茶疏》一卷　　　　　　（明）許次紓撰

《眞珠船》八卷　　　　　　　　　　（明）胡侍撰

《古今印史》一卷　　　　　　　　　（明）徐官撰

《同異錄》二卷　　　　　　　　　　（明）陸深撰

《駢語雕龍》四卷　　　　　　　　　（明）游日章撰（明）林世勤注

《會仙女誌》一卷　　　　　　　　　（明）酈琥撰

《孝經》一卷

《說孝》三書　　　　　　　　　　　（明）楊起元輯

　　《虞子集靈節略》一卷　　　　　（明）虞淳熙撰

　　《孝經引證》一卷　　　　　　　（明）楊起元撰

《孝經宗旨》一卷	（明）羅汝芳述（明）楊起元記
《祈嗣眞詮》一卷	（明）袁黃撰
《備倭圖記》一卷	（明）卜大同撰
《薛方山紀述》一卷	（明）薛應旂撰
《祐山雜說》一卷	（明）馮汝弼撰
《聖學範圍圖說》一卷	（明）岳元聲撰
《山行雜記》一卷	（明）宋彥撰
《冬官紀事》一卷	（明）賀仲軾撰
《研北雜志》二卷	（明）陸友撰
《聽心齋客問》一卷	（明）萬尙父撰
《畫禪》一卷	（明）釋蓮儒撰
《金華遊錄》一卷	（宋）謝翱撰
《渾然子》一卷	（明）張翀撰
《方洲雜言》一卷	（明）張寧撰
《玉笑零音》一卷	（明）田藝蘅撰
《酒史》二卷	（明）無懷山人（馮時化）撰
《幽閑鼓吹》一卷	（明）張固撰
《遼陽圖記》一卷	（明）不著撰人（明刊本）
《勦奴議撮》一卷	（明）于燕芳撰（明刊本）

彙集（一名陳眉公家藏彙秘笈）

《清異錄》四卷	（宋）陶穀撰
《蟾仙解老》（一名道德寶章）一卷	（宋）白玉蟾撰
《兼明書》五卷	（唐）丘光庭撰
《靖康緗素雜記》十卷	（宋）黃朝英撰
《世範》三卷	（宋）袁采撰
《鍾呂二仙傳》一卷	（明）黃魯曾撰
《金丹詩訣》二卷	（唐）呂嵒撰

《南嶽遇師本末》一卷　　　　　　　　（宋）夏元鼎撰

《韓仙傳》一卷　　　　　　　　　　　（唐）韓若雲撰

《衍極》一卷　　　　　　　　　　　　（元）鄭杓撰

《葛稚川內篇》四卷，外篇四卷　　　　（晉）葛洪撰（明刊本）

《周易尚占》三卷　　　　　　　　　　（元）李道純撰

《畫品》一卷　　　　　　　　　　　　（宋）李廌撰

《明誠意伯連珠》一卷　　　　　　　　（明）劉基撰

《春雨雜述》一卷　　　　　　　　　　（明）解縉撰

《海語》三卷　　　　　　　　　　　　（明）黃衷撰

《異魚圖贊》四卷　　　　　　　　　　（明）楊慎撰

《江鄰幾雜誌》一卷　　　　　　　　　（宋）江休復撰

《讕言長語》二卷　　　　　　　　　　（明）曹安撰

《陰符經解》一卷　　　　　　　　　　（明）焦竑撰

《支談》三卷　　　　　　　　　　　　（明）焦竑撰

《問奇集》一卷　　　　　　　　　　　（明）張位撰

《祝子小言》（一名環碧齋小言）一卷　（明）祝世祿撰

《先進遺風》二卷　　　　　　　　　　（明）耿定向撰（明）毛在增補

《夢溪補筆談》二卷　　　　　　　　　（宋）沈括撰

《見聞紀訓》一卷　　　　　　　　　　（明）陳良謨撰

《方洲先生奉使錄》二卷　　　　　　　（明）張寧撰

《黃帝祠額解》一卷　　　　　　　　　（明）李維楨撰

《天目遊記》一卷　　　　　　　　　　（明）黃汝亨撰

《游喚》一卷　　　　　　　　　　　　（明）王思任撰

《黃白鏡》一卷，《續》一卷　　　　　（明）李文燭撰

《田居乙記》四卷　　　　　　　　　　（明）方大鎮撰

《一庵雜問錄》一卷　　　　　　　　　（明）唐樞撰

《碧里雜存》一卷　　　　　　　　　　（明）董穀撰

《新鋟煙波釣奇門定局》一卷　　　　　（明）劉基撰

《瀛涯勝覽》一卷　　　　　　　　（明）馬歡撰

《夷俗考》一卷　　　　　　　　　（宋）方鳳撰

《燕市雜詩》一卷　　　　　　　　（明）于燕芳撰

《物異考》一卷　　　　　　　　　（宋）方鳳撰

《建州女眞考》一卷　　　　　　　（明）天都山臣撰

《文湖州竹派》一卷　　　　　　　（明）釋蓮儒（一題元吳鎮）撰

《泉南雜志》二卷　　　　　　　　（明）陳懋仁撰

祕集（一名眉公雜著），（明）陳繼儒撰，萬曆三十四年（1606）刊

《見聞錄》八卷

《珍珠船》四卷

《妮古錄》四卷

《群碎錄》一卷

《偃曝談餘》二卷

《巖棲幽事》一卷

《枕譚》一卷

《太平清話》四卷

《書蕉》二卷

《筆記》二卷

《書畫史》一卷

《安得長者言》一卷

《狂夫之言》三卷續二卷

《香案牘》一卷

《讀書鏡》十卷